Thomas Laubis · Wiebke Meyer

Rechnen mit Rico Schnabel 3

Selbstständig das Addieren
und Subtrahieren bis 1000 trainieren

Name: ______________________________

Klasse: ____________

Mildenberger

Inhaltsverzeichnis

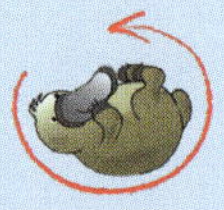

1 Welche Zahlen entdeckst du? Schreibe mindestens 10 davon auf.

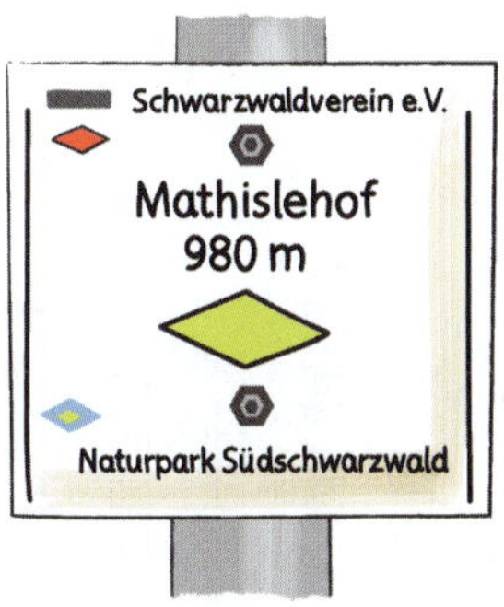

834, ______________________________

2 Welche Zahlen bis 1 000 entdeckst du in deiner Umwelt? Male.

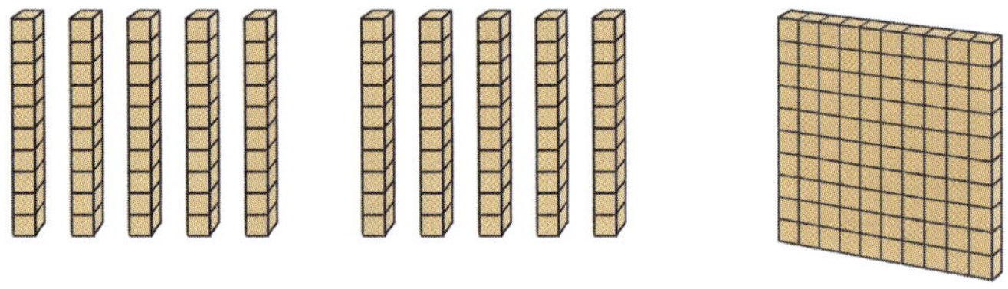

10 Z = 1 H = 100

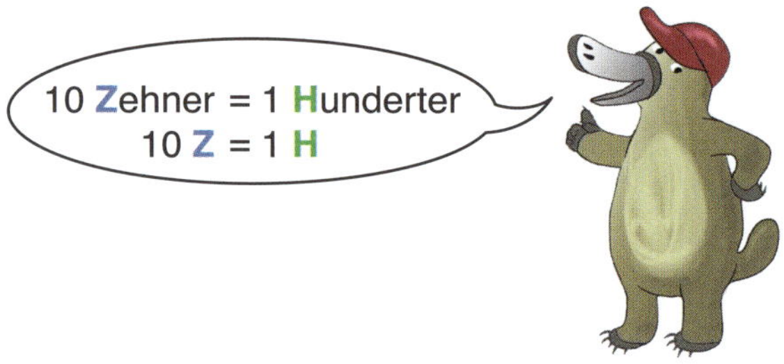

1 Kreise immer 10 Zehner ein. Schreibe als Zehner, als Hunderter und als Zahl.

a)

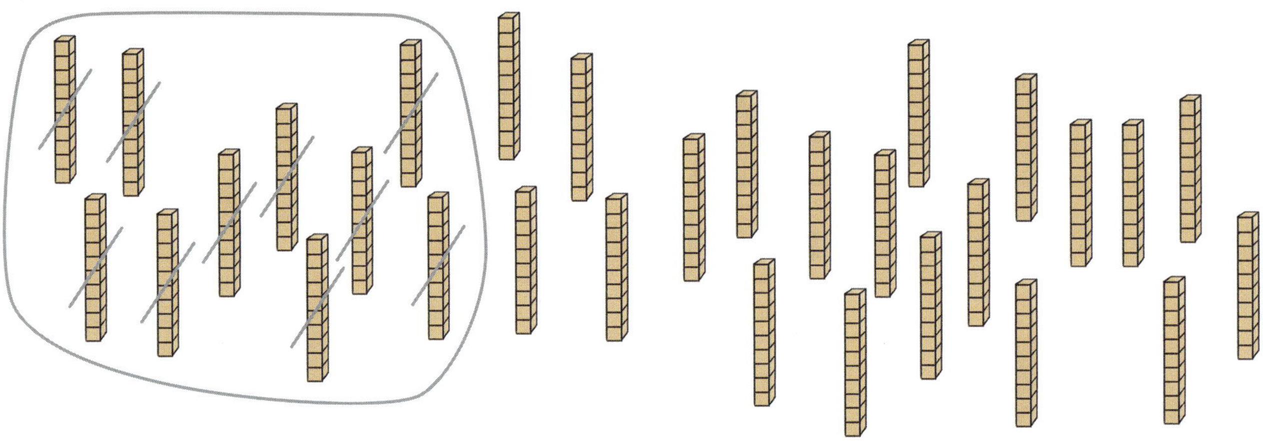

☐ Z = ☐ H = ☐

b)

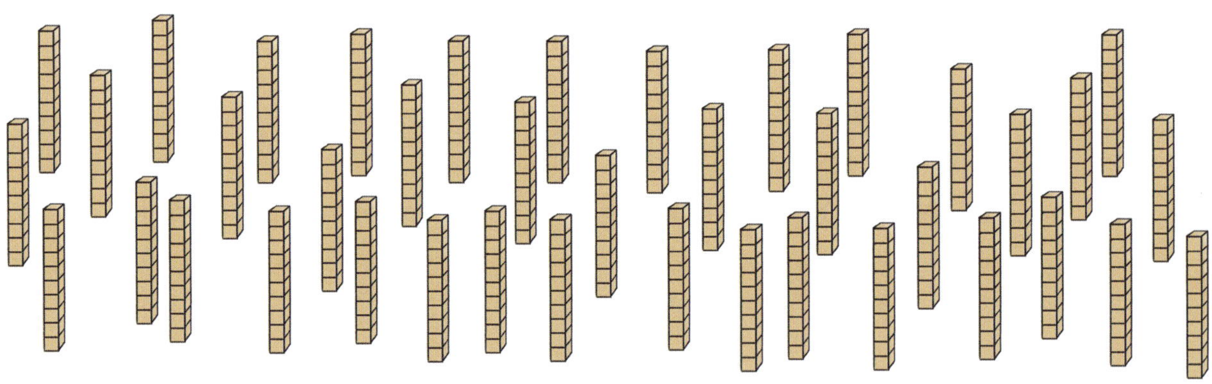

☐ Z = ☐ H = ☐

c)

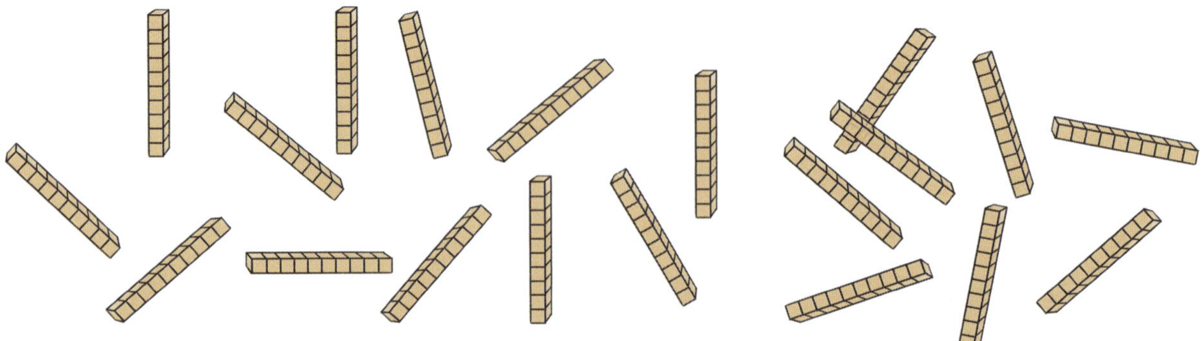

☐ Z = ☐ H = ☐

10 Z = 1 H = 100

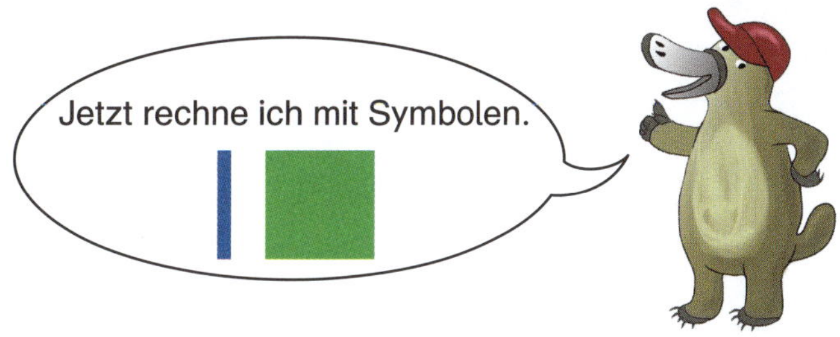

1 Kreise immer 10 Zehner ein. Schreibe als Zehner, als Hunderter und als Zahl.

a)

___ Z = ___ H = ___

b)

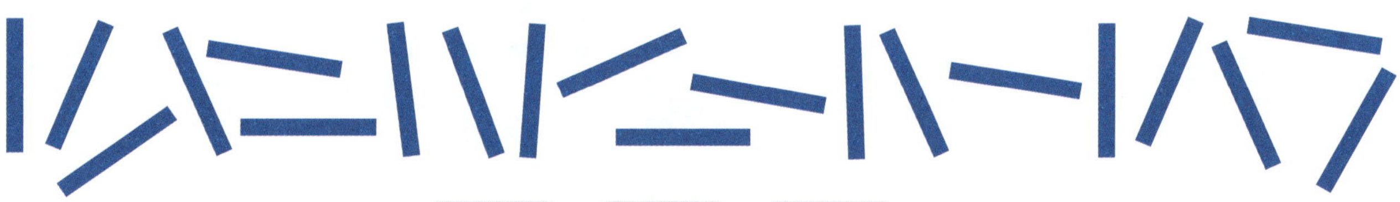

___ Z = ___ H = ___

2 Wie viele Zehner sind es? Zeichne und ergänze.

a)

___ Z = 3 H = ___

b)

___ Z = ___ H = 500

1 Verbinde.

100	2 H		vierhundert
200	4 H	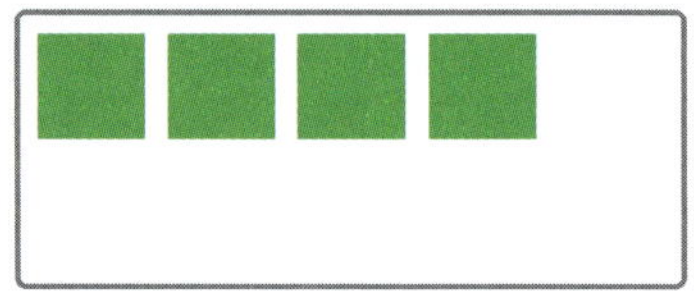	hundert
300	1 H		fünfhundert
400	6 H		dreihundert
500	3 H		siebenhundert
600	9 H	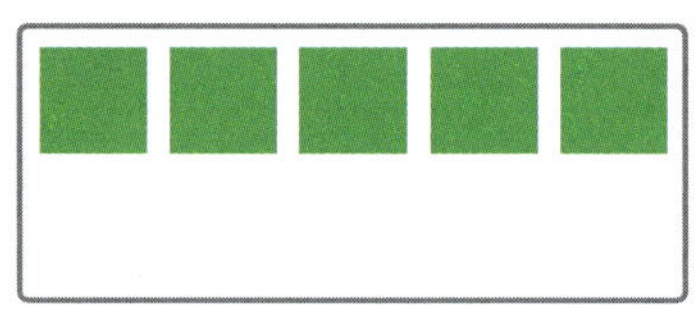	zweihundert
700	5 H		neunhundert
800	8 H		sechshundert
900	10 H = 1 T		tausend
1 000	7 H		achthundert

2 Schreibe die Hunderterzahlen geordnet auf.

100, 200, ______________________________

1 Schreibe die Zahl mit Stellenwerten, als Additionsaufgabe und als Zahl.

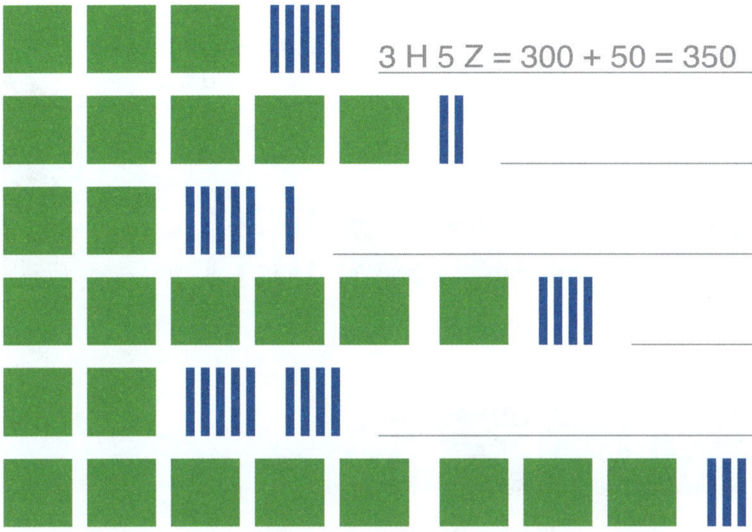

3 H 5 Z = 300 + 50 = 350

______

______

______

______

______

2 Ergänze die Stellenwerte und male Hunderter und Zehner.

a) 410 = 4 H 1 Z

b) 720 = ___ H ___ Z

c) 280 = ___ H ___ Z

d) 540 = ___ H ___ Z

e) 630 = ___ H ___ Z

f) 390 = ___ H ___ Z

1 Schreibe die Zahlen mit Stellenwerten, als Additionsaufgabe und als Zahl.

a) 

3 H 4 Z 7 E = 300 + 40 + 7 = 347

___ H ___ Z ___ E = ____________ = ______

___ H ___ Z ___ E = ____________ = ______

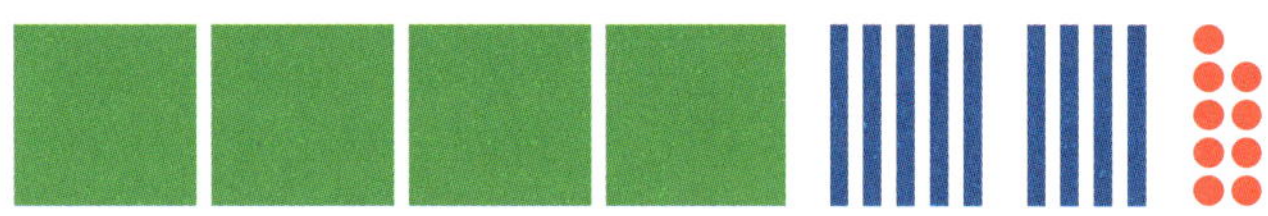

___ H ___ Z ___ E = ____________ = ______

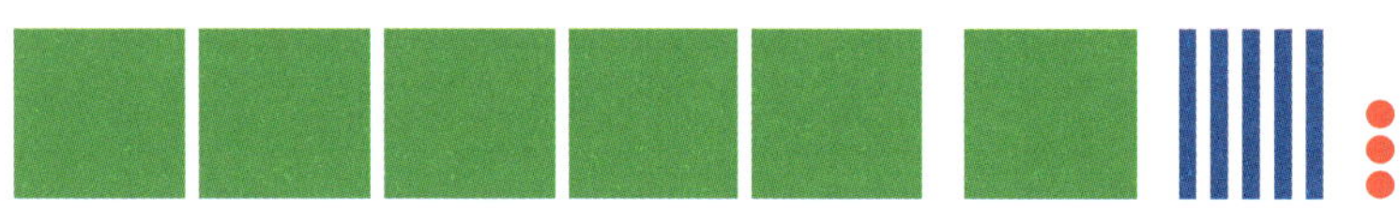

___ H ___ Z ___ E = ____________ = ______

b) 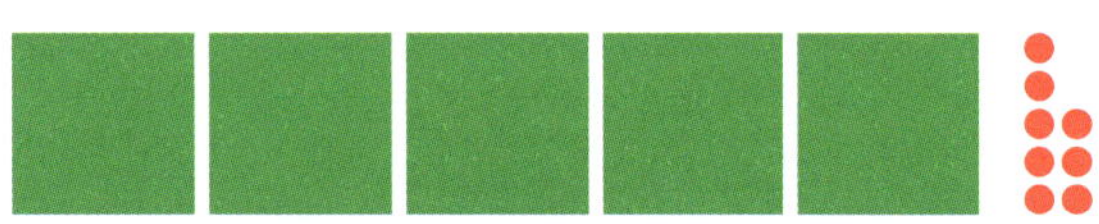

___ H ___ Z ___ E = ____________ = ______

___ H ___ Z ___ E = ____________ = ______

___ H ___ Z ___ E = ____________ = ______

___ H ___ Z ___ E = ____________ = ______

1 Male Hunderter, Zehner und Einer und schreibe die Zahl auf.

a)

T	H	Z	E
	4	2	6

= ______

b)

T	H	Z	E
	1	8	3

= ______

c)

T	H	Z	E
	9	0	4

= ______

d)

T	H	Z	E
	7	6	1

= ______

e)

T	H	Z	E
	5	9	0

= ______

1 Schreibe jede Zahldarstellung auf zwei andere Arten.

a)

392

3 H 9 Z 2 E = 300 + 90 + 2

637

901

165

546

728

b)

8 H 3 Z 4 E

2 H 5 Z 0 E

4 H 5 Z 9 E

5 H 7 Z 2 E

3 H 2 Z 5 E

9 H 6 Z 8 E

c)

100 + 30 + 7

600 + 70 + 2

800 + 40 + 8

400 + 60 + 1

100 + 7

700 + 80 + 4

1 Trage jede Zahldarstellung in die Stellenwerttabelle ein.

a)

200 + 60 + 7

T	H	Z	E
	2	6	7

500 + 30

T	H	Z	E

800 + 8

T	H	Z	E

b)

983

T	H	Z	E

319

T	H	Z	E

401

T	H	Z	E

c)

5 E 7 Z 6 H

T	H	Z	E

5 Z 1 H 9 E

T	H	Z	E

7 H 2 E 3 Z

T	H	Z	E

2 Ergänze die fehlenden Angaben.

Stellenwerte	Additionsaufgabe	Zahl
2 H 1 Z 3 E	200 + 10 + 3	213
5 H 6 Z 9 E		
	800 + 50 + 7	
		936
1 H 4 Z 2 E		
	400 + 70 + 4	
		605
3 H 7 Z 6 E		
	700 + 90 + 3	
		584
8 H 2 Z 1 E		
	100 + 60 + 5	

3 Wie heißt deine dreistellige Lieblingszahl? Schreibe sie auf verschiedene Arten.

1 Schreibe jedes Zahlwort als Zahl.

sechshundert	= ☐	fünfzig	= ☐	acht	= ☐
neunhundert	= ☐	siebzig	= ☐	zwei	= ☐
dreihundert	= ☐	vierzig	= ☐	neun	= ☐
fünfhundert	= ☐	zehn	= ☐	eins	= ☐

2 Schreibe zu jedem Zahlwort die Additionsaufgabe und die Zahl.

a) vierhundertdreißig — 400 + 30 = 430
zweihundertneunzig — ______
fünfhundertzwanzig — ______

achthundertsiebzig — ______
einhundertzehn — ______
dreihundertsechzig — ______

siebenhundertvierzig — ______
neunhundertachtzig — ______
sechshundertfünfzig — ______

b) siebenhundertfünfundvierzig = 700 + 40 + 5 = 745

vierhundertsiebenundneunzig = ______

achthundertdreiundsechzig = ______

zweihundertsechsunddreißig = ______

3 Lies die Zahlwörter. Male bei den richtigen Zahlen den Hunderter in Grün, den Zehner in Blau und den Einer in Rot an.

a) fünfhunderteinundsiebzig

517 571

b) dreihundertneunundsechzig

396 369

c) sechshundertdreiundneunzig

639 693

d) siebenhundertachtundzwanzig

782 728

1 Lies die Zahlwörter. Male die passenden Zahlen an.

a) einhundertfünfundachtzig

158 | 185 | 518

b) dreihundertsiebenundzwanzig

372 | 377 | 327

c) vierhundertdreiundfünfzig

453 | 435 | 345

d) siebenhundertsiebenundachtzig

778 | 877 | 787

2 Bilde immer mit allen Wortkarten Zahlen und schreibe sie auf.

a) sechshundert, vier, und, fünfzig = ☐

b) und, neunzig, acht, zweihundert = ☐

c) und, dreißig, sechs, achthundert = ☐

d) siebenhundert, neun, sechzig, und = ☐

e) neunhundert, zwei, achtzig, und = ☐

f) und, zwanzig, drei, einhundert = ☐

3 Finde alle dreistelligen Zahlen, die du mit den Wortkarten bilden kannst.
Es sind jeweils 6 Zahlen.

a) sechshundert, sechs, vierzig, und, acht

600 | ☐ | ☐
☐ | ☐ | ☐

b) fünfhundert, und, siebzig, zwei, drei

☐ | ☐ | ☐
☐ | ☐ | ☐

1	2	3	4	5	6	7	8	9	10
11	12	13	14	15	16	17	18	19	20
21	22	23	24	25	26	27	28	29	30
31	32	33	34	35	36	37	38	39	40
41	42	43	44	45	46	47	48	49	50
51	52	53	54	55	56	57	58	59	60
61	62	63	64	65	66	67	68	69	70
71	72	73	74	75	76	77	78	79	80
81	82	83	84	85	86	87	88	89	90
91	92	93	94	95	96	97	98	99	100

Blatt 1

101	102	103	104	105	106	107	108	109	110
111	112	113	114	115	116	117	118	119	120
121	122	123	124	125	126	127	128	129	130
131	132	133	134	135	136	137	138	139	140
141	142	143	144	145	146	147	148	149	150
151	152	153	154	155	156	157	158	159	160
161	162	163	164	165	166	167	168	169	170
171	172	173	174	175	176	177	178	179	180
181	182	183	184	185	186	187	188	189	190
191	192	193	194	195	196	197	198	199	200

Blatt 2

201	202	203	204	205	206	207	208	209	210
211	212	213	214	215	216	217	218	219	220
221	222	223	224	225	226	227	228	229	230
231	232	233	234	235	236	237	238	239	240
241	242	243	244	245	246	247	248	249	250
251	252	253	254	255	256	257	258	259	260
261	262	263	264	265	266	267	268	269	270
271	272	273	274	275	276	277	278	279	280
281	282	283	284	285	286	287	288	289	290
291	292	293	294	295	296	297	298	299	300

Blatt 3

Zeile: Von links nach rechts.
Spalte: Von oben nach unten.

1 Auf den Seiten 14 bis 17 ist der Tausenderstreifen abgebildet. Er hat 10 Blätter.

a) Suche auf jedem Blatt die Zahl oben links. Schreibe alle Zahlen auf.

1, 101, 201, ____________________

b) Suche auf jedem Blatt die Zahl unten rechts. Schreibe alle Zahlen auf.

100, 200, ____________________

c) Schreibe alle Zahlen auf, die in der Spalte unter 110 stehen.

110, 120, ____________________

d) Schreibe alle Zahlen auf, die in der Zeile neben 141 stehen.

141, 142, ____________________

e) Schreibe alle Zahlen auf, die in der Spalte unter 207 stehen.

207, 217, ____________________

2 Male die Zahlen im Tausenderstreifen rot an. Was fällt dir auf?

234 300 201 278 223

289 256 245 267 212

Mir fällt auf, dass ____________________

____

301	302	303	304	305	306	307	308	309	310
311	312	313	314	315	316	317	318	319	320
321	322	323	324	325	326	327	328	329	330
331	332	333	334	335	336	337	338	339	340
341	342	343	344	345	346	347	348	349	350
351	352	353	354	355	356	357	358	359	360
361	362	363	364	365	366	367	368	369	370
371	372	373	374	375	376	377	378	379	380
381	382	383	384	385	386	387	388	389	390
391	392	393	394	395	396	397	398	399	400

Blatt 4

401	402	403	404	405	406	407	408	409	400
411	412	413	414	415	416	417	418	419	420
421	422	423	424	425	426	427	428	429	430
431	432	433	434	435	436	437	438	439	440
441	442	443	444	445	446	447	448	449	450
451	452	453	454	455	456	457	458	459	460
461	462	463	464	465	466	467	468	469	470
471	472	473	474	475	476	477	478	479	480
481	482	483	484	485	486	487	488	489	490
491	492	493	494	495	496	497	498	499	500

Blatt 5

501	502	503	504	505	506	507	508	509	510
511	512	513	514	515	516	517	518	519	520
521	522	523	524	525	526	527	528	529	530
531	532	533	534	535	536	537	538	539	540
541	542	543	544	545	546	547	548	549	550
551	552	553	554	555	556	557	558	559	560
561	562	563	564	565	566	567	568	569	570
571	572	573	574	575	576	577	578	579	580
581	582	583	584	585	586	587	588	589	590
591	592	593	594	595	596	597	598	599	600

Blatt 6

1 Male die Zahlen im Tausenderstreifen an. Es entsteht ein Muster.

a) Male die Zahlen blau an.

301 310 356 378 373 400

346 328 391 345 355 323

b) Male die Zahlen gelb an.

479 412 429 488 472

413 422 419 483 489 482

473 423 478 428 418

2 Male auf Blatt 6 ein Muster in Grün. Schreibe die Zahlen auf, die du angemalt hast.

601	602	603	604	605	606	607	608	609	610
611	612	613	614	615	616	617	618	619	620
621	622	623	624	625	626	627	628	629	630
631	632	633	634	635	636	637	638	639	640
641	642	643	644	645	646	647	648	649	650
651	652	653	654	655	656	657	658	659	660
661	662	663	664	665	666	667	668	669	670
671	672	673	674	675	676	677	678	679	680
681	682	683	684	685	686	687	688	689	690
691	692	693	694	695	696	697	698	699	700

Blatt 7

701	702	703	704	705	706	707	708	709	710
711	712	713	714	715	716	717	718	719	720
721	722	723	724	725	726	727	728	729	730
731	732	733	734	735	736	737	738	739	740
741	742	743	744	745	746	747	748	749	750
751	752	753	754	755	756	757	758	759	760
761	762	763	764	765	766	767	768	769	770
771	772	773	774	775	776	777	778	779	780
781	782	783	784	785	786	787	788	789	790
791	792	793	794	795	796	797	798	799	800

Blatt 8

1 Schreibe zuerst die passenden Zahlen. Kontrolliere mit dem Tausenderstreifen.

a) Welche Zahlen stehen links und rechts neben der Zahl?

601	602	603
	799	
	914	

	689	
	846	
	854	

	735	
	817	
	669	

b) Welche Zahlen stehen über und unter der Zahl?

638			
648	686	722	715
658			

851	883	939	975

c) Welche Zahl steht

… rechts neben 701? ___

… über 620? ___

… links neben 930? ___

… unter 857? ___

… links neben 1 000? ___

… unter 879? ___

… rechts neben 774? ___

… über 655? ___

801	802	803	804	805	806	807	808	809	810
811	812	813	814	815	816	817	818	819	820
821	822	823	824	825	826	827	828	829	830
831	832	833	834	835	836	837	838	839	840
841	842	843	844	845	846	847	848	849	850
851	852	853	854	855	856	857	858	859	860
861	862	863	864	865	866	867	868	869	870
871	872	873	874	875	876	877	878	879	880
881	882	883	884	885	886	887	888	889	890
891	892	893	894	895	896	897	898	899	900

Blatt 9

901	902	903	904	905	906	907	908	909	910
911	912	913	914	915	916	917	918	919	920
921	922	923	924	925	926	927	928	929	930
931	932	933	934	935	936	937	938	939	940
941	942	943	944	945	946	947	948	949	950
951	952	953	954	955	956	957	958	959	960
961	962	963	964	965	966	967	968	969	970
971	972	973	974	975	976	977	978	979	980
981	982	983	984	985	986	987	988	989	990
991	992	993	994	995	996	997	998	999	1000

Blatt 10

1 Schreibe die Zahlen auf, die bei den Buchstaben stehen müssten.
Kontrolliere mit dem Tausenderstreifen.

a)

A					
		B			
		845		C	
			D		858
	E		866		
					F

A: ___ B: ___ C: ___
D: ___ E: ___ F: ___

b)

	G				
			H	938	
I					
				J	
964		K			
					L

G: ___ H: ___ I: ___
J: ___ K: ___ L: ___

c)

	M		658		
				N	
		O			P
Q				689	
					R

M: ___ N: ___ O: ___
P: ___ Q: ___ R: ___

d)

	S		735		
					T
U			V		
		W			
				X	

S: ___ T: ___ U: ___
V: ___ W: ___ X: ___

1 Welche Zahlen gehören zu den Buchstaben? Schreibe.

a)

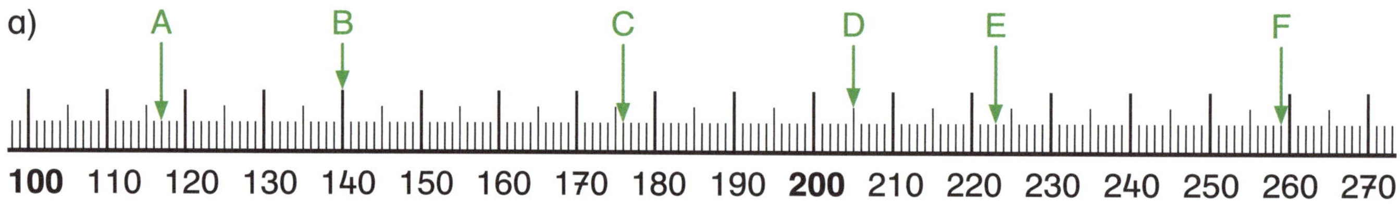

A: ___ B: ___ C: ___ D: ___ E: ___ F: ___

b)

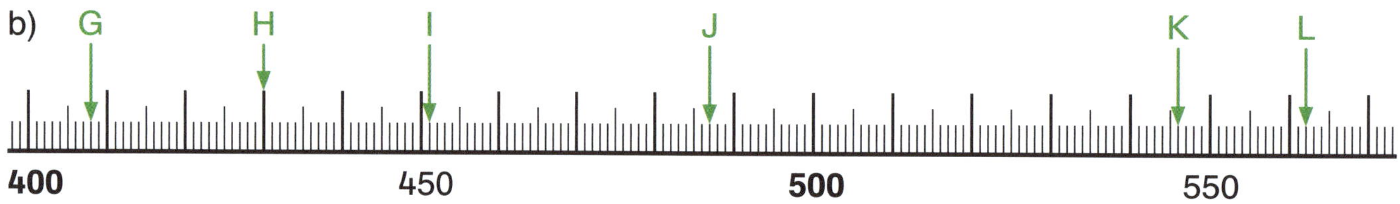

G: ___ H: ___ I: ___ J: ___ K: ___ L: ___

c)

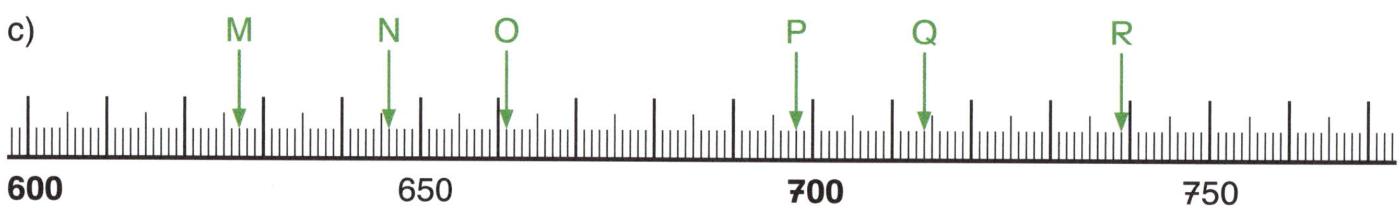

M: ___ N: ___ O: ___ P: ___ Q: ___ R: ___

d)

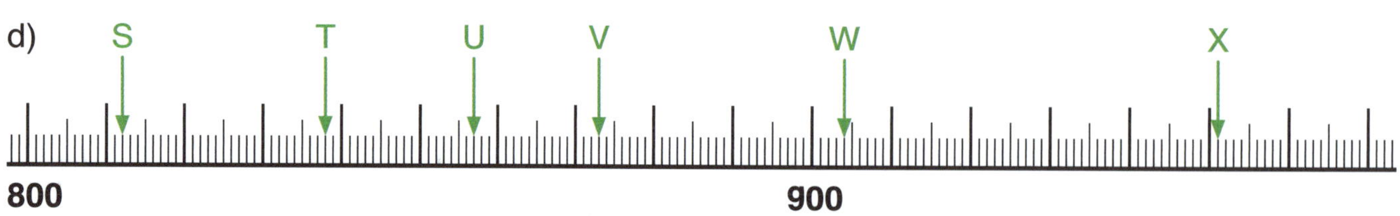

S: ___ T: ___ U: ___ V: ___ W: ___ X: ___

1 Verbinde die Zahlen mit der richtigen Stelle am Zahlenstrahl.

a)

38 | 57 | 43 | 75 | 102 | 134 | 120 | 155

b)

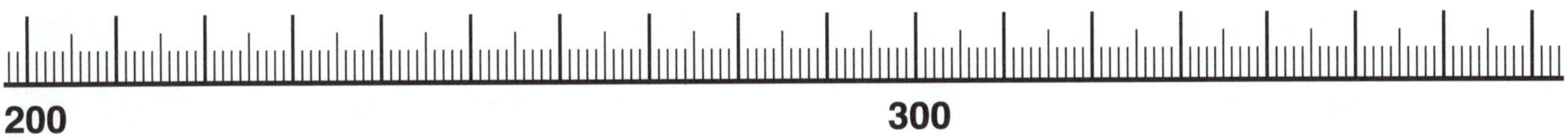

252 | 213 | 248 | 297 | 285 | 309 | 354 | 326

c)

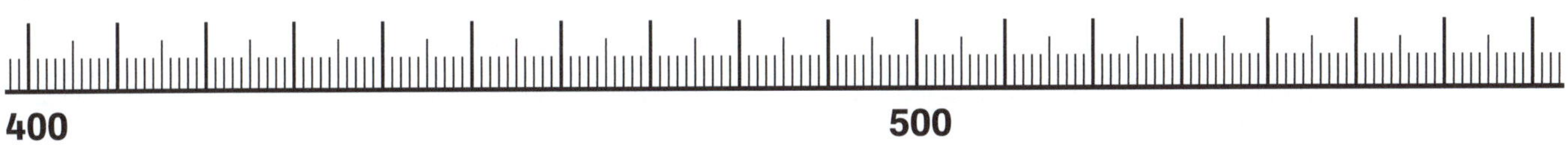

449 | 415 | 424 | 478 | 537 | 506 | 550 | 523

d)

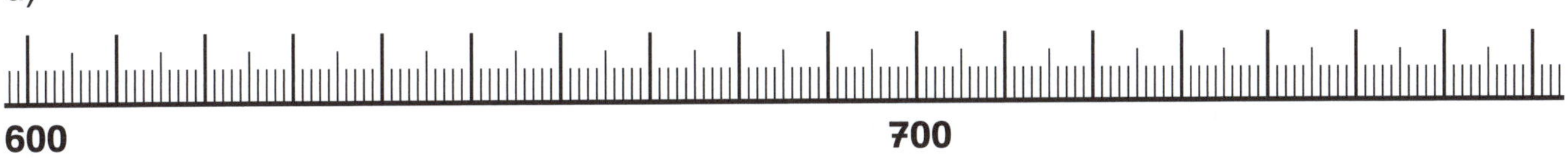

631 | 658 | 619 | 688 | 702 | 694 | 763 | 747

e)

836 | 811 | 873 | 845 | 888 | 929 | 964 | 907

1 Schreibe die Hunderterzahlen an den Zahlenstrahl.

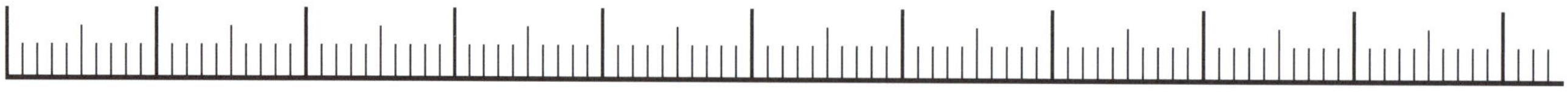

0 | 100 | ☐ | ☐ | ☐ | ☐ | ☐ | ☐ | ☐ | ☐ | ☐

2 Welche Zehnerzahlen gehören zu den Buchstaben? Schreibe.

a)

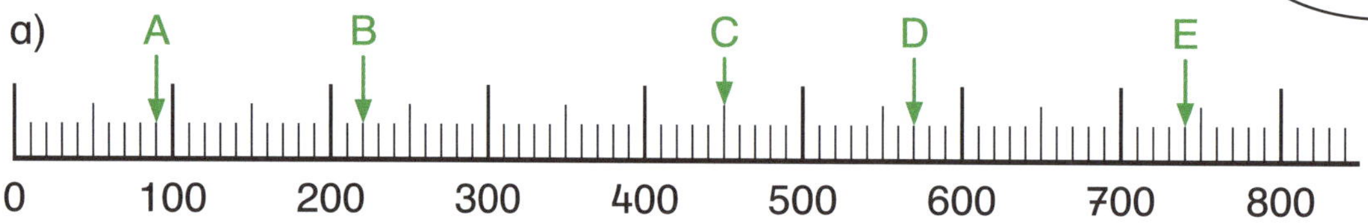

A: 90 B: ☐ C: ☐ D: ☐ E: ☐

b)

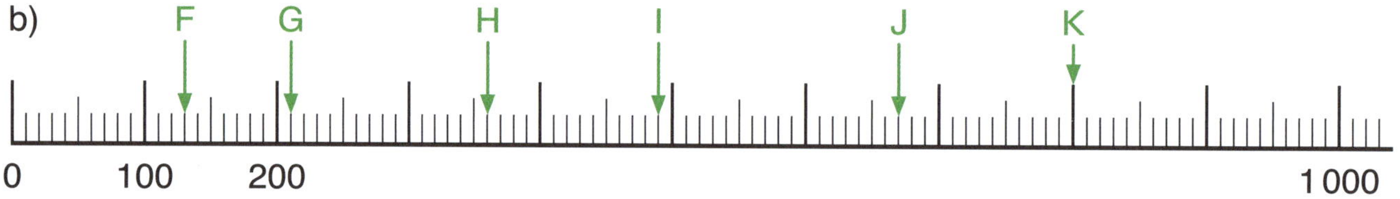

F: ☐ G: ☐ H: ☐ I: ☐ J: ☐ K: ☐

c)

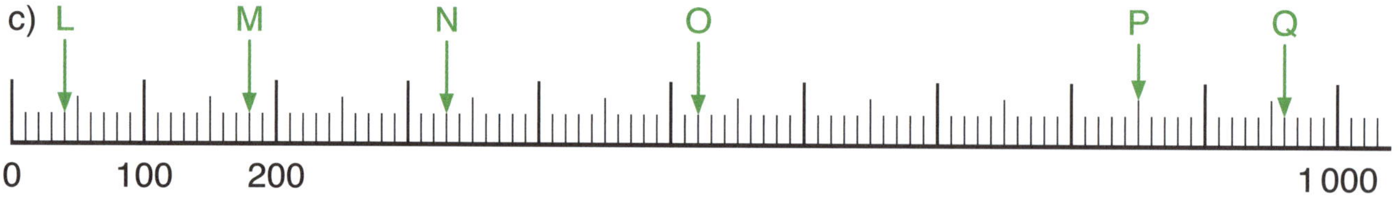

L: ☐ M: ☐ N: ☐ O: ☐ P: ☐ Q: ☐

d)

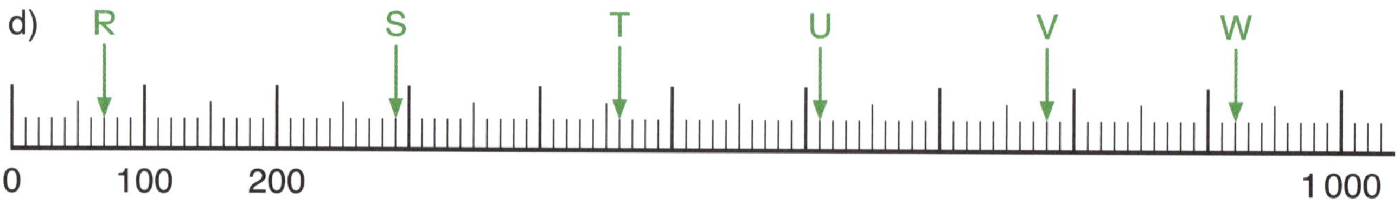

R: ☐ S: ☐ T: ☐ U: ☐ V: ☐ W: ☐

1 Verbinde die Zahlen mit der richtigen Stelle am Zahlenstrahl.

a)

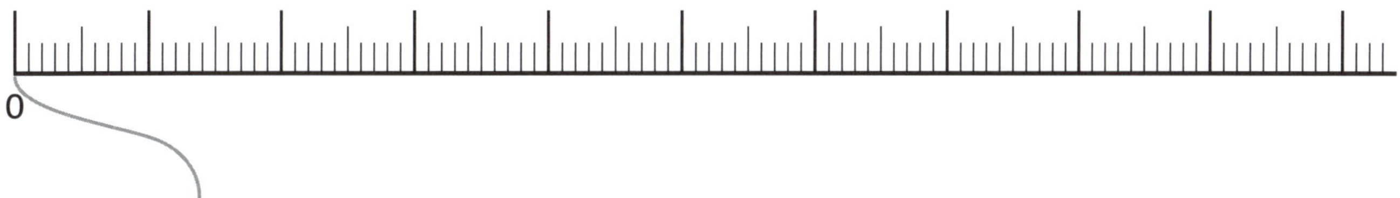

100	0	300	400	200	500	700	600	1 000	900	800

b)

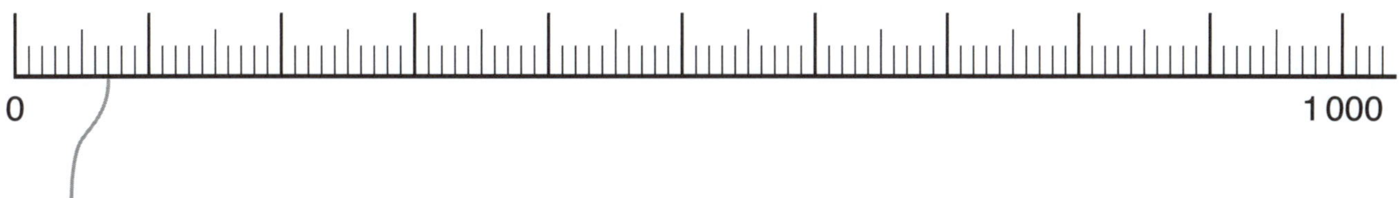

70	410	240	350	580	630	990	720

c)

150	290	30	510	440	860	780	920

2 An diesem Zahlenstrahl sind fünf Zahlen falsch verbunden. Streiche sie durch.

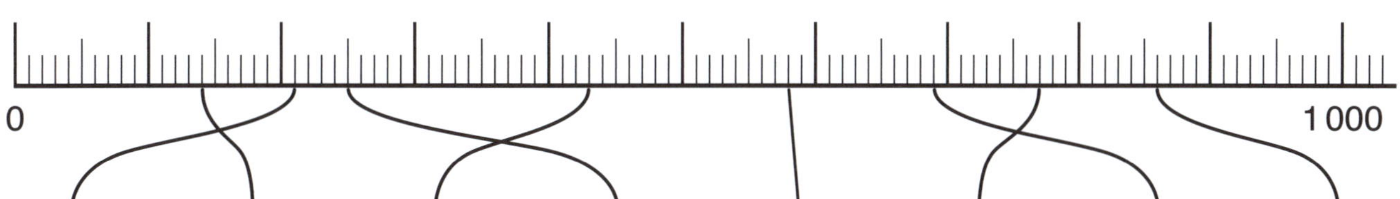

310	140	530	250	590	880	690	960

3 Wohin gehören die Zahlen ungefähr? Verbinde.

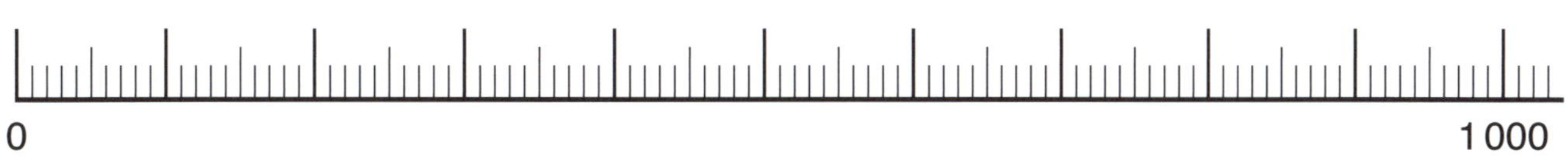

128	465	273	507	786	659	831	914

1 Welche Zahlen gehören zu den Buchstaben?
Schreibe sie mit Vorgänger (V) und Nachfolger (N) auf.

a)
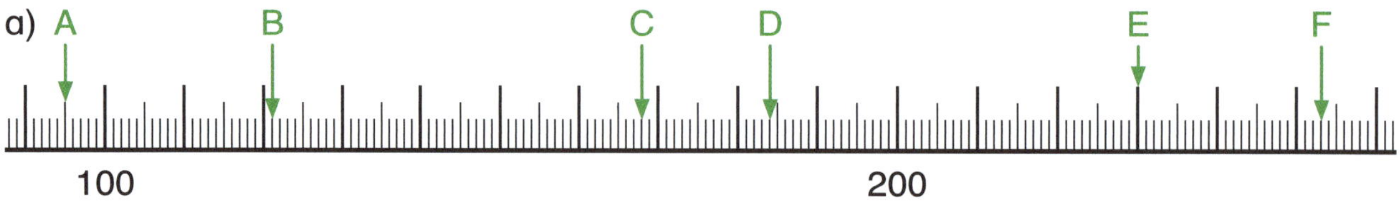

V	Zahl	N
94	A: 95	96
	B:	
	C:	

V	Zahl	N
	D:	
	E:	
	F:	

b)
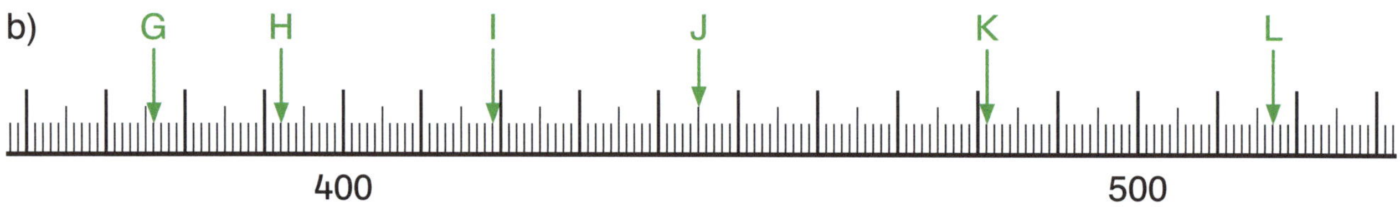

V	Zahl	N
	G:	
	H:	
	I:	

V	Zahl	N
	J:	
	K:	
	L:	

2 Schreibe zu jeder Zahl den Vorgänger (V) und den Nachfolger (N) auf.

V	Zahl	N
	708	
	734	
	762	
	799	
	810	
	856	

V	Zahl	N
	327	
	980	
	574	
	693	
	200	
	888	

3 Ergänze die Tabelle mit passenden Zahlen.

V	Zahl	N
630		
	58	
		474
243		

V	Zahl	N
	999	
305		
		726
	500	

Nachbarzehner am Zahlenstrahl

1 Welche Zahlen gehören zu den Buchstaben?
Schreibe die Zahlen mit ihren Nachbarzehnern (NZ) auf.

a)

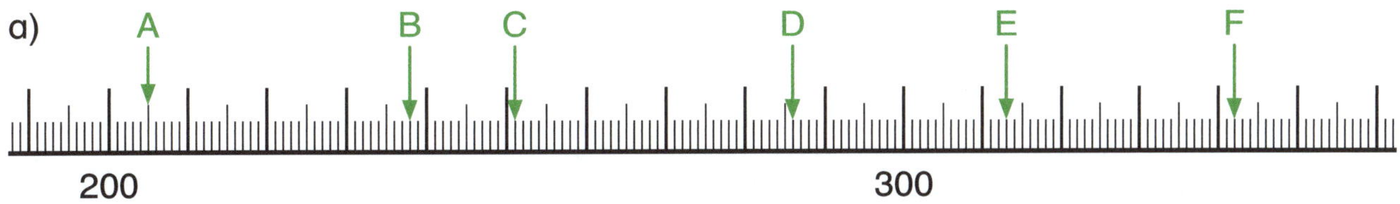

NZ	Zahl	NZ
200	A: 205	210
	B:	
	C:	

NZ	Zahl	NZ
	D:	
	E:	
	F:	

b)

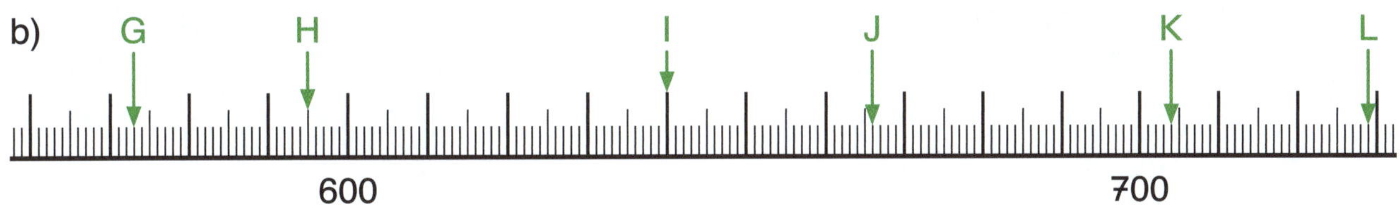

NZ	Zahl	NZ
	G:	
	H:	
	I:	

NZ	Zahl	NZ
	J:	
	K:	
	L:	

2 Schreibe zu jeder Zahl die Nachbarzehner (NZ) auf.

NZ	Zahl	NZ
	869	
	882	
	914	
	955	
	970	
	991	

NZ	Zahl	NZ
	127	
	792	
	479	
	900	
	308	
	861	

3 Ergänze die Tabelle mit passenden Zahlen.

NZ	Zahl	NZ
340		350
670		680
910		920
580		590

NZ	Zahl	NZ
860		870
430		440
200		220
790		800

1 Wohin gehören die Zahlen aus der Tabelle ungefähr?
Zeichne Pfeile an den Zahlenstrahl. Schreibe dann ihre Nachbarhunderter (NH) auf.

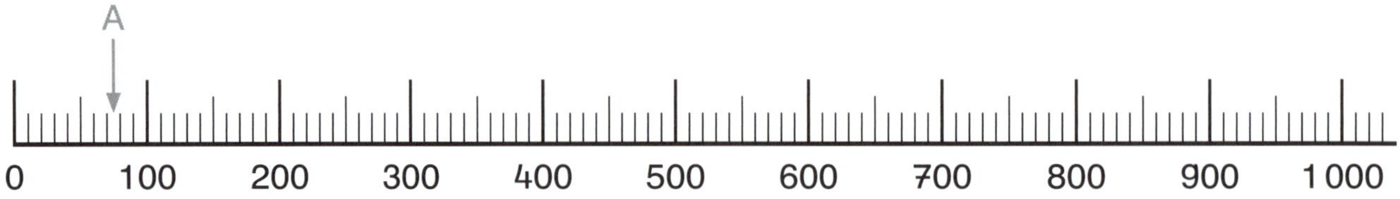

NH	Zahl	NH
0	A: 75	100
	B: 128	
	C: 260	
	D: 384	
	E: 439	

NH	Zahl	NH
	F: 513	
	G: 697	
	H: 752	
	I: 806	
	J: 941	

2 Schreibe die Nachbarhunderter (NH) auf. Der Zahlenstrahl kann dir helfen.

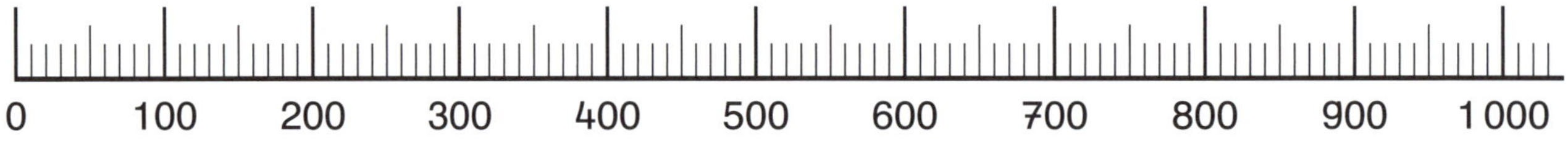

NH	Zahl	NH
	293	
	568	
	104	
	849	
	495	
	236	
	719	
	588	

NH	Zahl	NH
	372	
	926	
	450	
	631	
	45	
	964	
	600	
	323	

3 Ergänze die Tabelle mit passenden Zahlen.

NH	Zahl	NH
200		300
600		700
400		500
800		900

NH	Zahl	NH
700		800
300		500
500		600
900		1 000

Nachbarzahlen

1 Schreibe zu den Zahlen den Vorgänger (V), den Nachfolger (N), die Nachbarzehner (NZ) und die Nachbarhunderter (NH) auf.

NH	NZ	V	Zahl	N	NZ	NH
200	250	258	259	260	260	300
			862			
			548			
			400			
			970			
			501			
			626			
			999			

2 Ergänze die Tabelle mit passenden Zahlen.

a)

NZ	Zahl	NZ
		280
	993	
410		
	748	

b)

NH	Zahl	NH
100		
		800
	555	
300		

3 Rechne zu den Nachbarzehnern.

a) 367 – [7] = 360
367 + [ ] = 370

b) 132 – [ ] = 130
132 + [ ] = 140

c) 875 – [ ] = [ ]
875 + [ ] = [ ]

d) 504 – [ ] = [ ]
504 + [ ] = [ ]

e) 298 – [ ] = [ ]
298 + [ ] = [ ]

f) 613 – [ ] = [ ]
613 + [ ] = [ ]

4 Rechne zu den Nachbarhundertern.

a) 367 – [67] = 300
367 + [ ] = 400

b) 740 – [ ] = 700
740 + [ ] = 800

c) 429 – [ ] = [ ]
429 + [ ] = [ ]

d) 951 – [ ] = [ ]
951 + [ ] = [ ]

e) 586 – [ ] = [ ]
586 + [ ] = [ ]

f) 111 – [ ] = [ ]
111 + [ ] = [ ]

1 Zu welcher Zehnerzahl ist Ricos Weg kürzer? Schreibe die gerundete Zahl auf.

a)
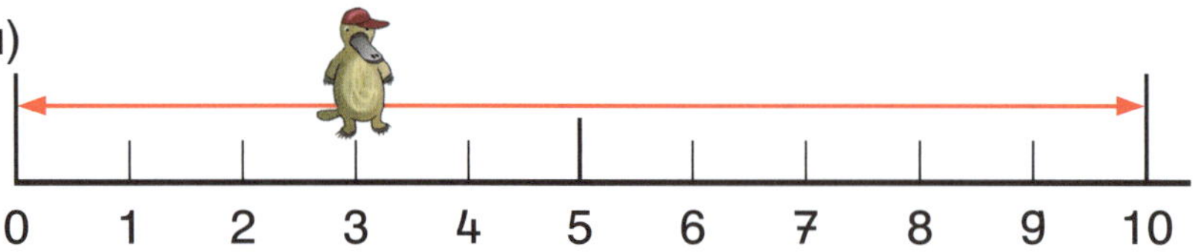

3 ≈ 0

b)
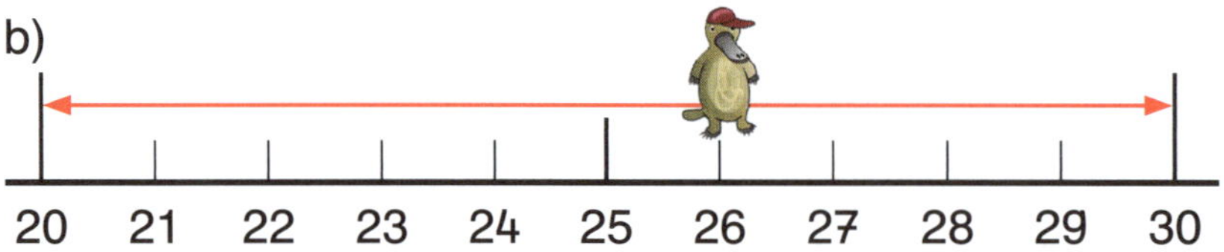

26 ≈ ___

c)
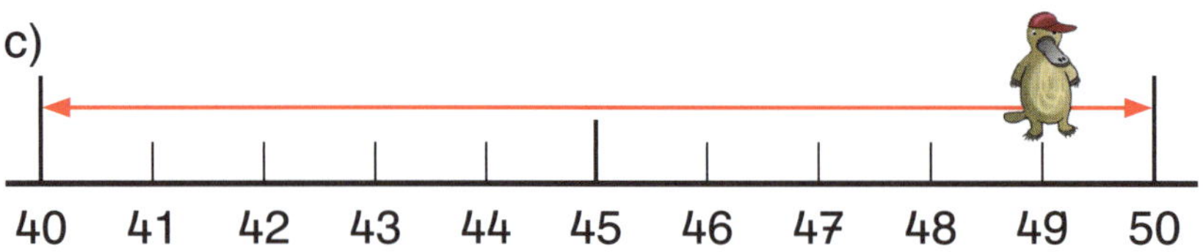

49 ≈ ___

d)
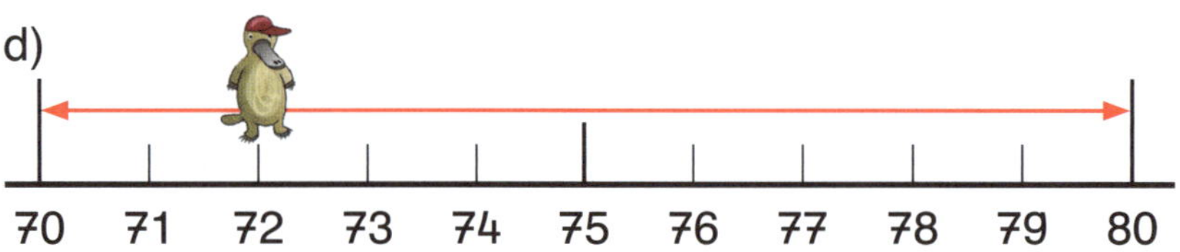

72 ≈ ___

e)

95 ≈ ___

2 Zu welcher Zehnerzahl ist Ricos Weg kürzer? Schreibe die gerundete Zahl auf.

a)
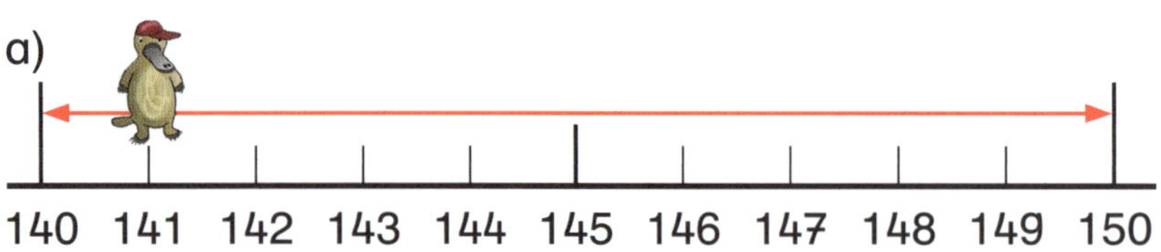

141 ≈ ___

b)
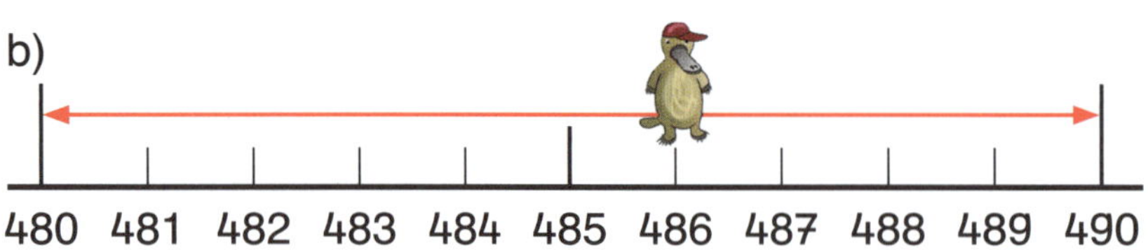

486 ≈ ___

c)
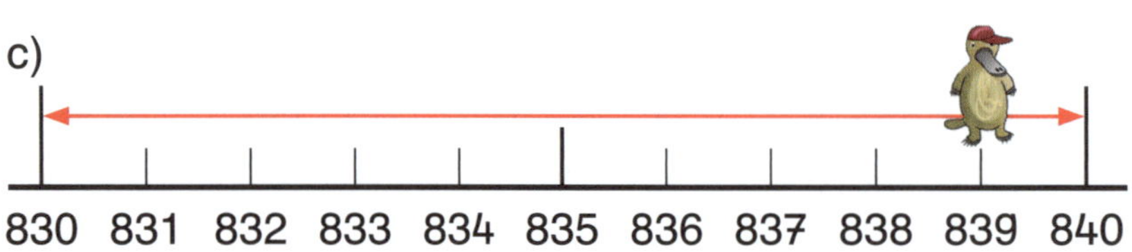

839 ≈ ___

1 Welche Zehnerzahl liegt näher?
Zeichne zuerst Pfeile an die passende Stelle am Zahlenstrahl.
Schreibe dann die gerundete Zahl auf. Denke an Ricos Regel von Seite 26.

a)

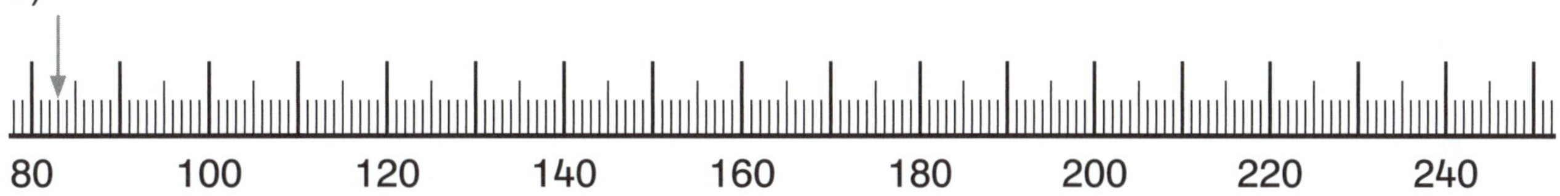

83 ≈ 80	107 ≈	151 ≈	215 ≈
88 ≈	113 ≈	169 ≈	224 ≈
95 ≈	124 ≈	176 ≈	231 ≈
102 ≈	132 ≈	193 ≈	249 ≈

b)

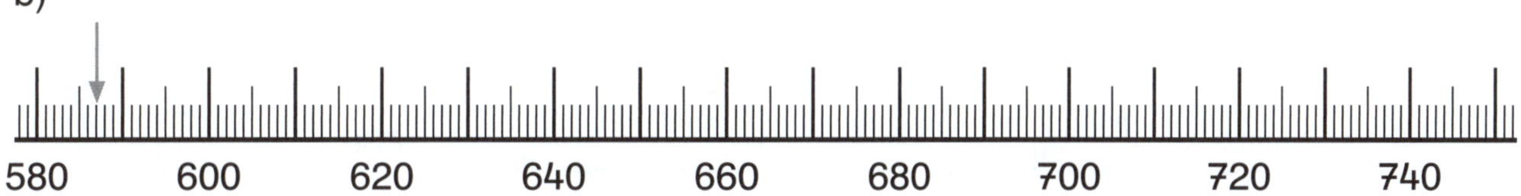

587 ≈ 590	619 ≈	592 ≈	626 ≈
704 ≈	682 ≈	721 ≈	638 ≈
696 ≈	735 ≈	657 ≈	603 ≈
665 ≈	643 ≈	679 ≈	744 ≈

2 Runde zum Zehner.

a)

327 ≈	198 ≈	906 ≈	444 ≈
868 ≈	784 ≈	72 ≈	385 ≈
511 ≈	217 ≈	843 ≈	973 ≈
456 ≈	353 ≈	769 ≈	247 ≈

b)

978 ≈	562 ≈	234 ≈	856 ≈
131 ≈	316 ≈	708 ≈	97 ≈
59 ≈	925 ≈	649 ≈	995 ≈
604 ≈	493 ≈	112 ≈	561 ≈

1 Zu welchem Hunderter ist Ricos Weg kürzer? Schreibe die gerundete Zahl auf.

a)

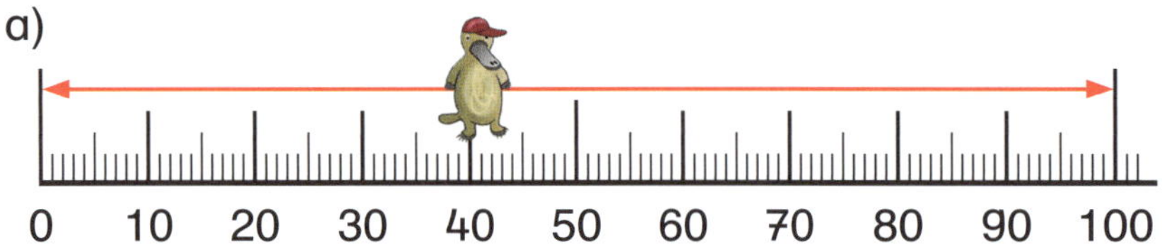

38 ≈ 0

b)

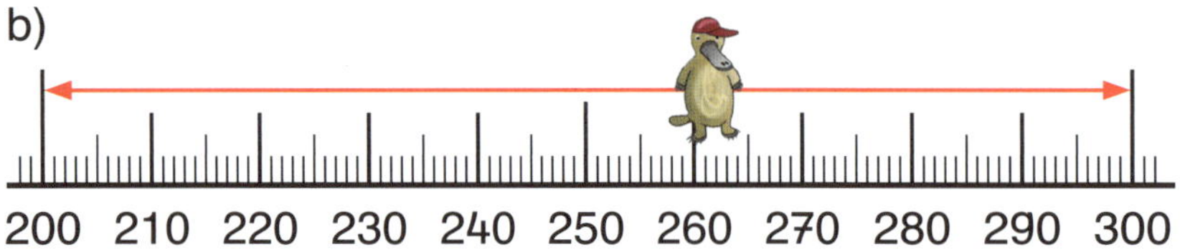

261 ≈ ___

c)

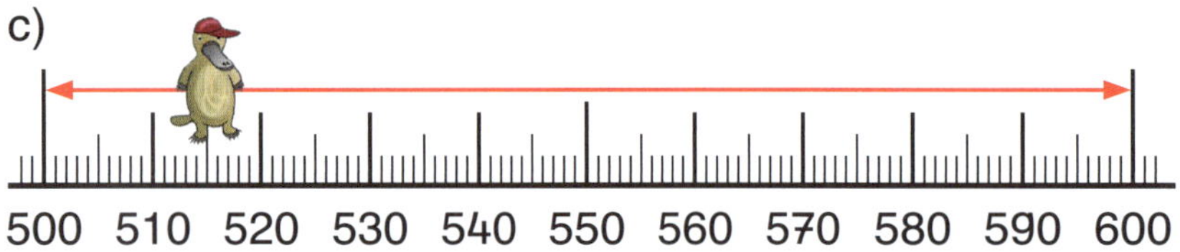

515 ≈ ___

d)

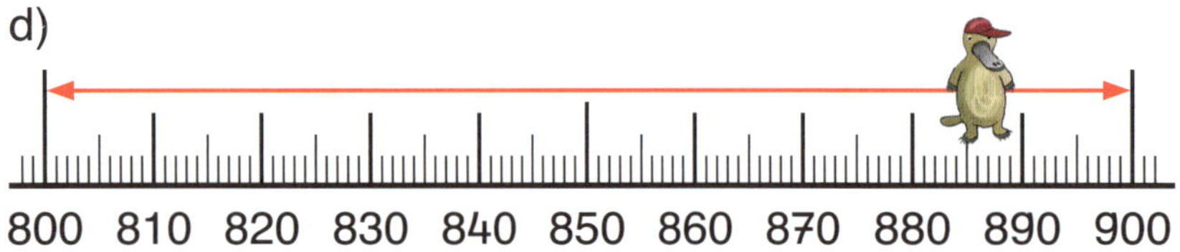

886 ≈ ___

e)

950 ≈ ___

2 Welcher Hunderter liegt näher? Zeichne zuerst Pfeile an die passende Stelle am Zahlenstrahl. Schreibe dann die gerundete Zahl auf.

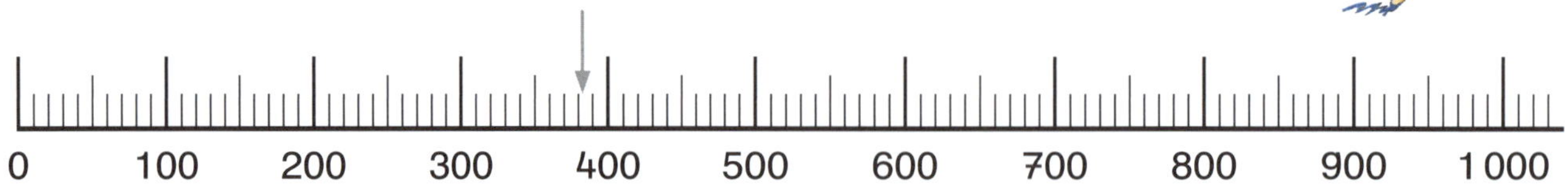

383 ≈ 400	104 ≈	794 ≈	337 ≈
738 ≈	979 ≈	582 ≈	829 ≈
886 ≈	250 ≈	47 ≈	478 ≈
527 ≈	408 ≈	690 ≈	164 ≈
91 ≈	636 ≈	219 ≈	925 ≈

1 Runde zum Hunderter. Der Zahlenstrahl kann dir helfen.

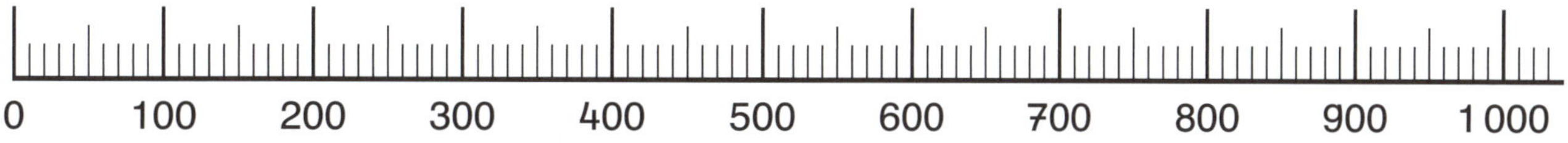

a)

98 ≈ 100	777 ≈ ☐	151 ≈ ☐	380 ≈ ☐
263 ≈ ☐	419 ≈ ☐	326 ≈ ☐	249 ≈ ☐
901 ≈ ☐	635 ≈ ☐	984 ≈ ☐	712 ≈ ☐
574 ≈ ☐	892 ≈ ☐	437 ≈ ☐	509 ≈ ☐

b)

838 ≈ ☐	136 ≈ ☐	748 ≈ ☐	219 ≈ ☐
642 ≈ ☐	957 ≈ ☐	483 ≈ ☐	851 ≈ ☐
25 ≈ ☐	281 ≈ ☐	690 ≈ ☐	586 ≈ ☐
373 ≈ ☐	529 ≈ ☐	175 ≈ ☐	337 ≈ ☐

2 Runde die Zahlen zum Hunderter. Kreise sie mit der passenden Farbe ein.

400 500 600 700 800 900

814 578 527 863 444 797

666 949 786 608 720 639

351 495 732 395 471 916

3 Finde passende Zahlen zu den gerundeten Hundertern.

187 ≈ 200	☐ ≈ 300	☐ ≈ 700	☐ ≈ 1 000
212 ≈ 200	☐ ≈ 300	☐ ≈ 700	☐ ≈ 1 000
☐ ≈ 200	☐ ≈ 300	☐ ≈ 700	☐ ≈ 1 000
☐ ≈ 200	☐ ≈ 300	☐ ≈ 700	☐ ≈ 1 000

1 Zähle in Schritten. Zeichne Pfeile. Schreibe mindestens 8 Zahlen auf.

a)

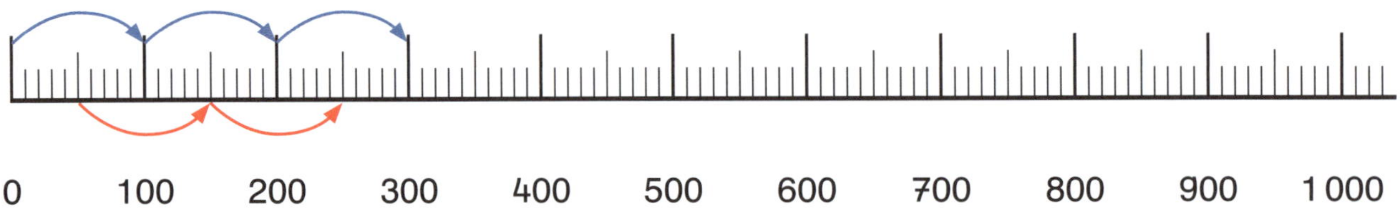

100er-Schritte: 0, 100, 200, ____________________

100er-Schritte: 50, 150, ____________________

b)

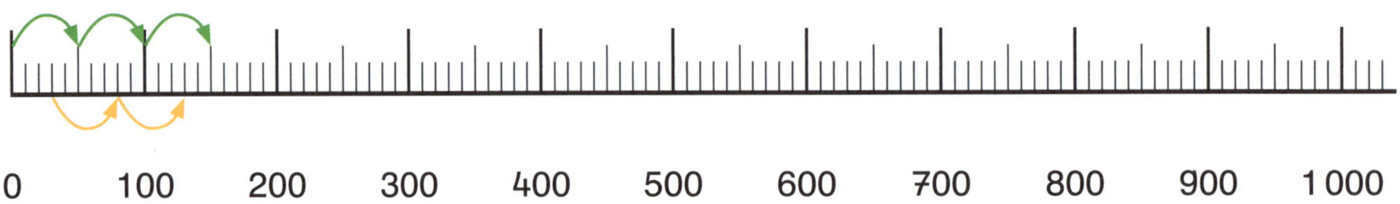

50er-Schritte: 0, 50, 100, ____________________

50er-Schritte: 30, 80, ____________________

c)

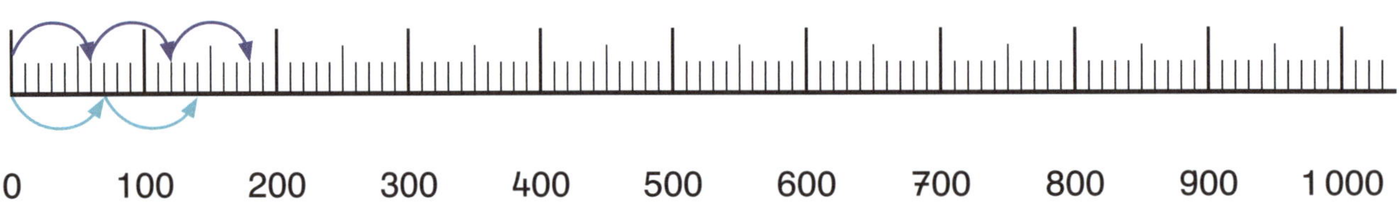

60er-Schritte: 0, 60, 120, ____________________

70er-Schritte: 0, 70, ____________________

d)

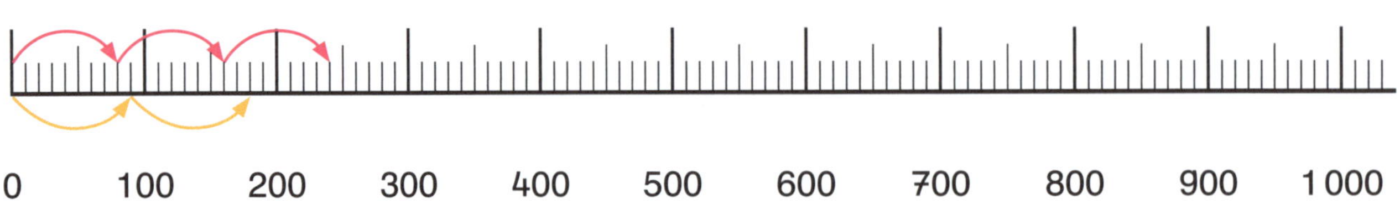

80er-Schritte: 0, 80, 160, ____________________

90er-Schritte: 0, 90, ____________________

1 Zähle rückwärts in Schritten. Zeichne Pfeile und schreibe die Zahlen auf.

a)

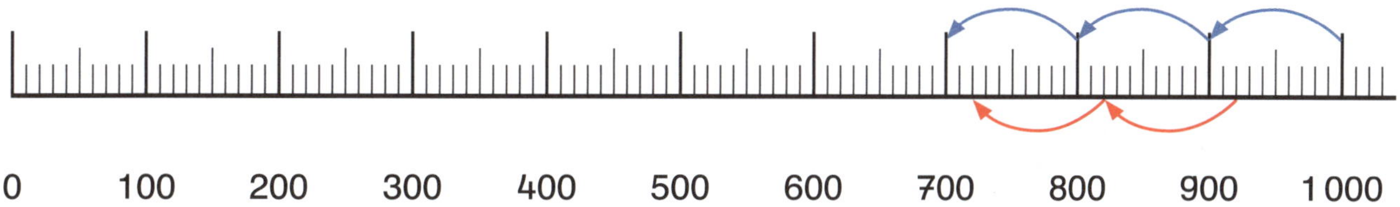

100er-Schritte: 1 000, 900, 800, ______

100er-Schritte: 920, 820, ______

b)

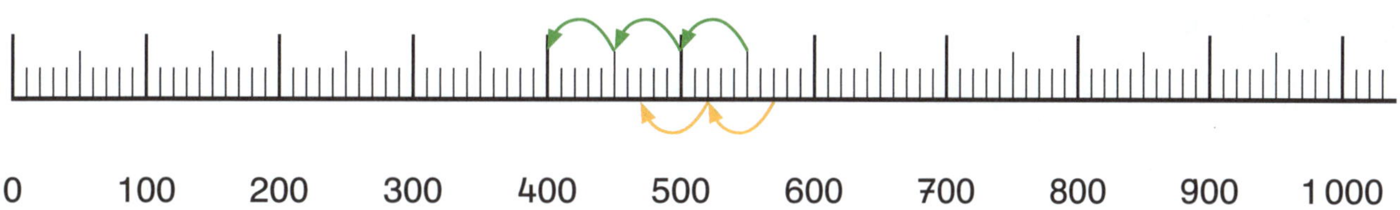

50er-Schritte: 550, 500, 450, ______

50er-Schritte: 570, 520, ______

2 Zähle in Schritten. Der Zahlenstrahl hilft dir. Schreibe mindestens 8 Zahlen auf.

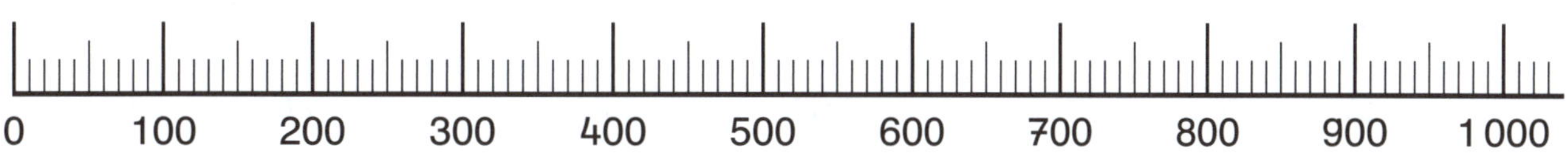

immer + 60	10, 70, 130, ______
immer + 90	50, 140, ______
immer – 40	880, 840, ______
immer – 70	960, 890, ______

1 Addiere. Beachte Einer, Zehner und Hunderter.

a)	3 + 6 = ☐	5 + 2 = ☐	8 + 1 = ☐
	30 + 60 = ☐	50 + 20 = ☐	80 + 10 = ☐
	300 + 600 = ☐	500 + 200 = ☐	800 + 100 = ☐
b)	4 + 3 = ☐	6 + 4 = ☐	1 + 7 = ☐
	40 + 30 = ☐	60 + 40 = ☐	10 + 70 = ☐
	400 + 300 = ☐	600 + 400 = ☐	100 + 700 = ☐

2 Ergänze.

a)	2 + ☐ = 7	7 + ☐ = 9	5 + ☐ = 8
	20 + ☐ = 70	70 + ☐ = 90	50 + ☐ = 80
	200 + ☐ = 700	700 + ☐ = 900	500 + ☐ = 800
b)	☐ + 1 = 4	☐ + 2 = 8	☐ + 4 = 6
	☐ + 10 = 40	☐ + 20 = 80	☐ + 40 = 60
	☐ + 100 = 400	☐ + 200 = 800	☐ + 400 = 600

3 Addiere.

160 + 100 = ☐	200 + 30 = ☐	420 + 100 = ☐
260 + 100 = ☐	200 + 130 = ☐	420 + 200 = ☐
460 + 100 = ☐	200 + 530 = ☐	420 + 400 = ☐
660 + 100 = ☐	200 + 730 = ☐	420 + 500 = ☐

4 Addiere.

120 + 120 = ☐	610 + 380 = ☐	230 + 320 = ☐
120 + 220 = ☐	410 + 380 = ☐	230 + 330 = ☐
120 + 620 = ☐	210 + 380 = ☐	230 + 350 = ☐
120 + 720 = ☐	10 + 380 = ☐	230 + 360 = ☐

Zahlen bis 1 000 in der Umwelt

* **1** Welche Zahlen entdeckst du? Schreibe mindestens 10 davon auf.

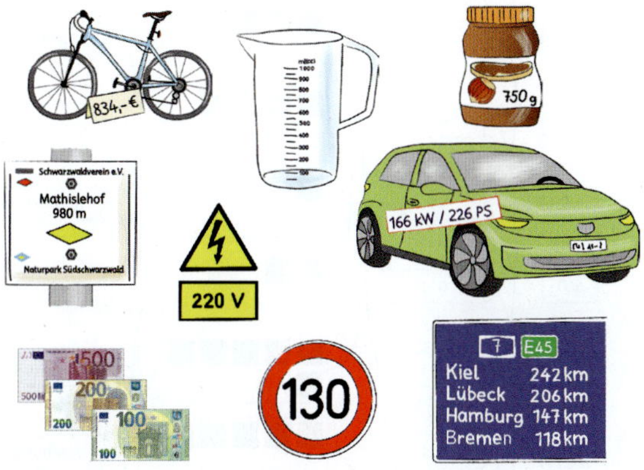

834, 750, 980, 220, 130, 242, 206, 147, 118, 1 000, 500, 200, 100, 166, 226

** **2** Welche Zahlen bis 1 000 entdeckst du in deiner Umwelt? Male.

* *Beispiellösung* ** *Individuelle Lösung*

Zu Hundertern bündeln

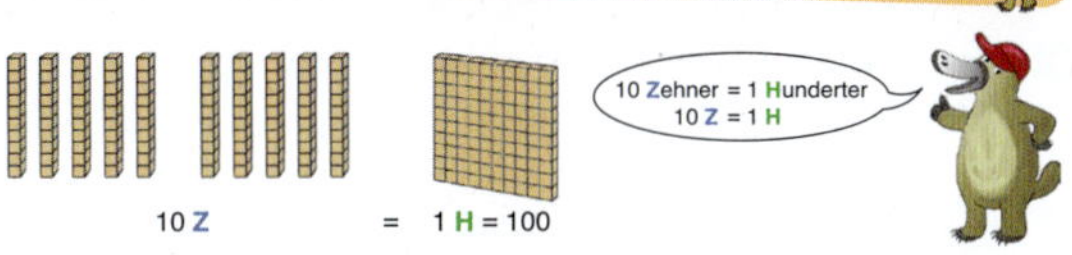

1 Kreise immer 10 Zehner ein. Schreibe als **Z**ehner, als **H**underter und als Zahl.

a)

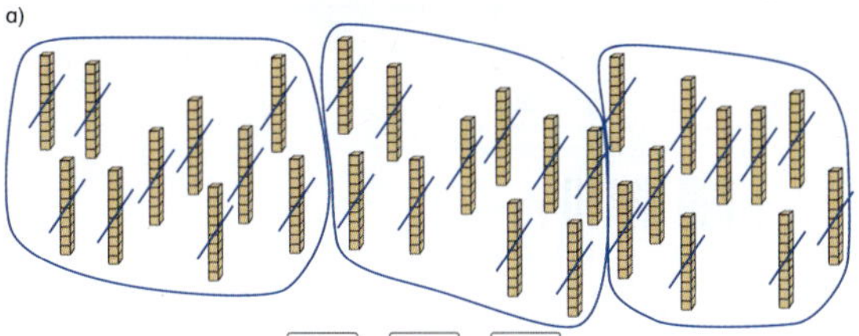

30 Z = 3 H = 300

b)

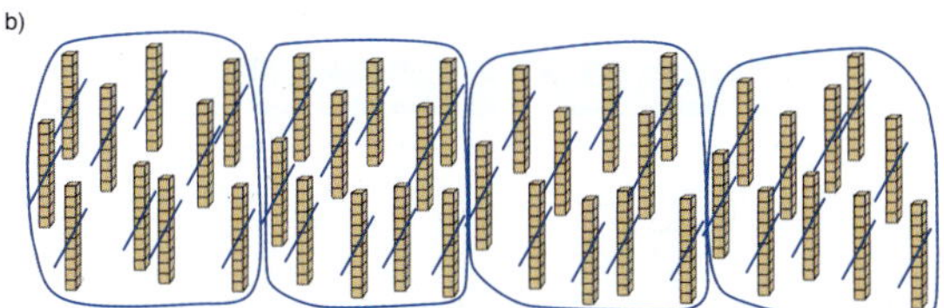

40 Z = 4 H = 400

c)

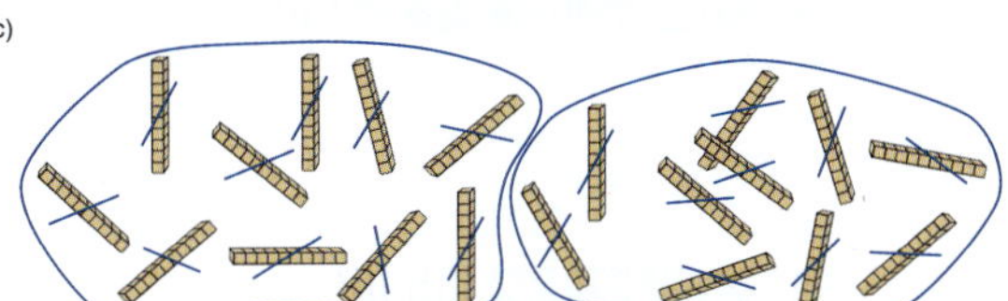

20 Z = 2 H = 200

Zu Hundertern bündeln

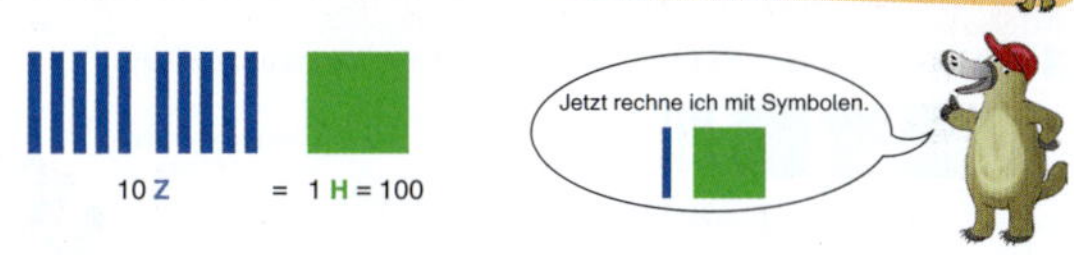

1 Kreise immer 10 Zehner ein. Schreibe als **Z**ehner, als **H**underter und als Zahl.

a)

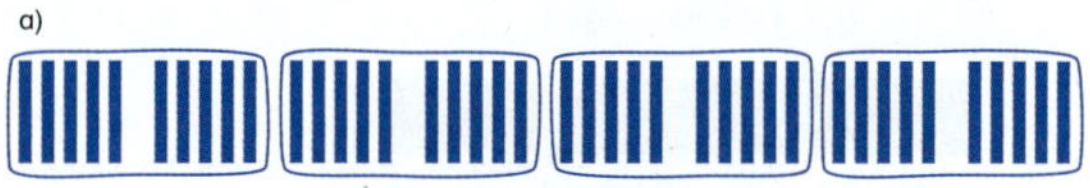

40 Z = 4 H = 400

b)

20 Z = 2 H = 200

2 Wie viele Zehner sind es? Zeichne und ergänze.

a)

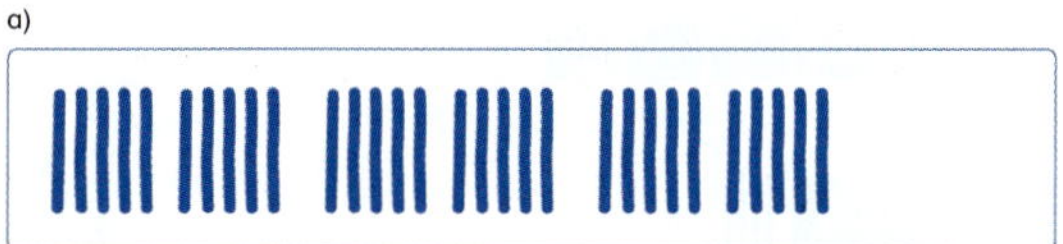

30 Z = 3 H = 300

b)

50 Z = 5 H = 500

Hunderterzahlen

1 Verbinde.

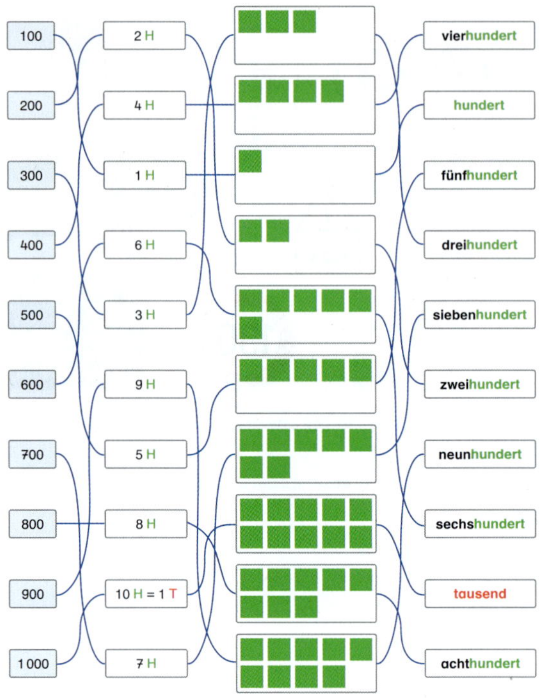

2 Schreibe die Hunderterzahlen geordnet auf.

100, 200, 300, 400, 500, 600, 700, 800, 900, 1000

Hunderter und Zehner

1 Schreibe die Zahl mit Stellenwerten, als Additionsaufgabe und als Zahl.

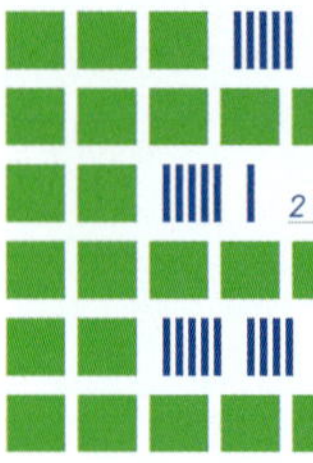

3 H 5 Z = 300 + 50 = 350
5 H 2 Z = 500 + 20 = 520
2 H 6 Z = 200 + 60 = 260
6 H 4 Z = 600 + 40 = 640
2 H 9 Z = 200 + 90 = 290
8 H 3 Z = 800 + 30 = 830

2 Ergänze die Stellenwerte und male Hunderter und Zehner.

a) 410 = *4* H *1* Z
b) 720 = *7* H *2* Z
c) 280 = *2* H *8* Z
d) 540 = *5* H *4* Z
e) 630 = *6* H *3* Z
f) 390 = *3* H *9* Z

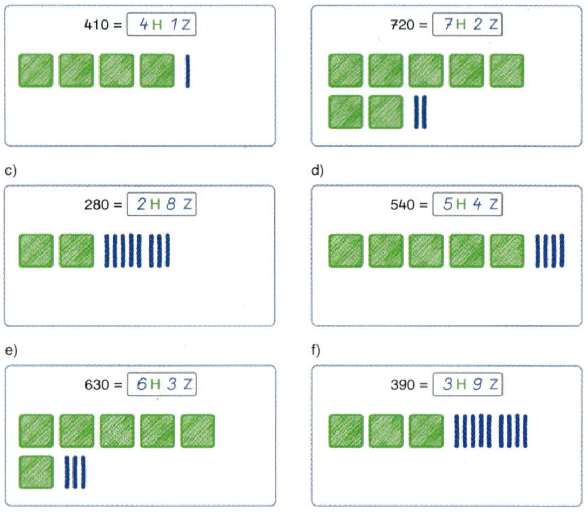

Zahlen bis 1000 darstellen

1 Schreibe die Zahlen mit Stellenwerten, als Additionsaufgabe und als Zahl.

a)

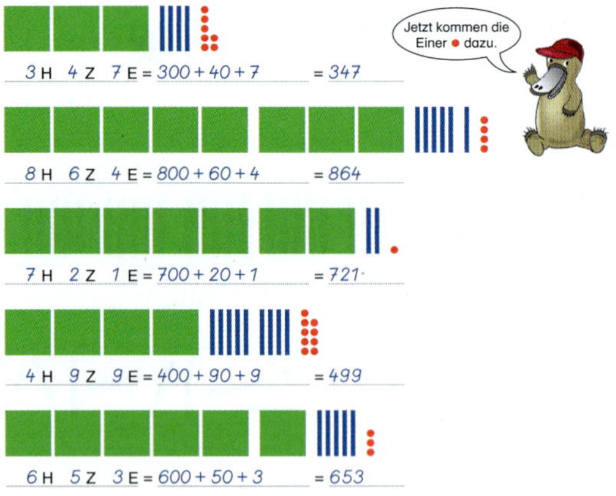

3 H *4* Z *7* E = *300 + 40 + 7* = *347*
8 H *6* Z *4* E = *800 + 60 + 4* = *864*
7 H *2* Z *1* E = *700 + 20 + 1* = *721*
4 H *9* Z *9* E = *400 + 90 + 9* = *499*
6 H *5* Z *3* E = *600 + 50 + 3* = *653*

b)

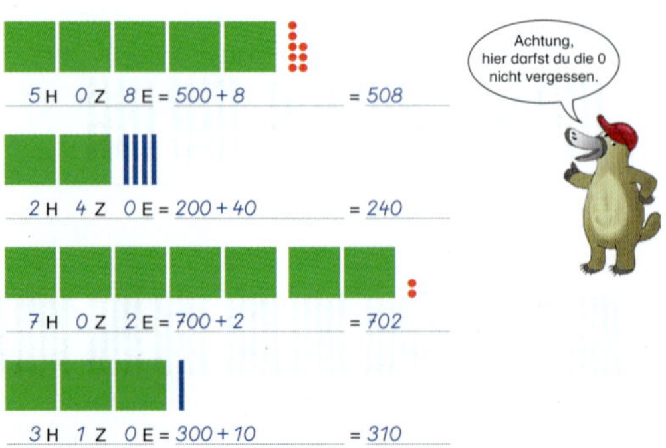

5 H *0* Z *8* E = *500 + 8* = *508*
2 H *4* Z *0* E = *200 + 40* = *240*
7 H *0* Z *2* E = *700 + 2* = *702*
3 H *1* Z *0* E = *300 + 10* = *310*

Zahlen bis 1000 darstellen

1 Male Hunderter, Zehner und Einer und schreibe die Zahl auf.

a)

T	H	Z	E
	4	2	6

= *426*

b)

T	H	Z	E
	1	8	3

= *183*

c)

T	H	Z	E
	9	0	4

= *904*

d)

T	H	Z	E
	7	6	1

= *761*

e)

T	H	Z	E
	5	9	0

= *590*

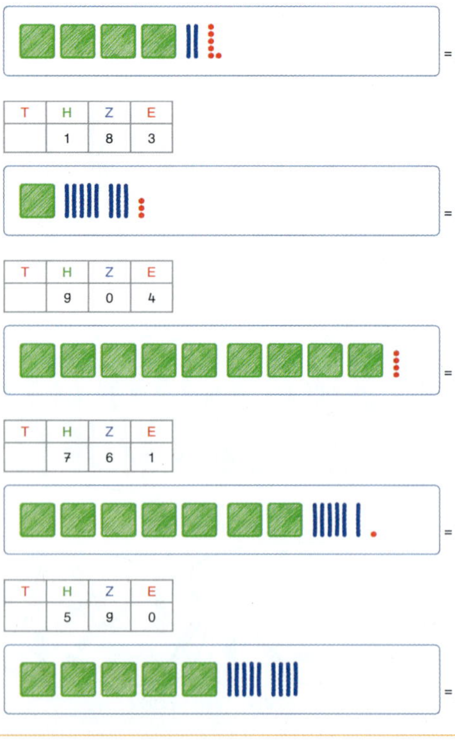

Zahlen bis 1 000 darstellen

1 Schreibe jede Zahldarstellung auf zwei andere Arten.

a)

392: 3 H 9 Z 2 E = 300 + 90 + 2
637: 6 H 3 Z 7 E = 600 + 30 + 7
901: 9 H 0 Z 1 E = 900 + 1
165: 1 H 6 Z 5 E = 100 + 60 + 5
546: 5 H 4 Z 6 E = 500 + 40 + 6
728: 7 H 2 Z 8 E = 700 + 20 + 8

b)

8 H 3 Z 4 E: 800 + 30 + 4 = 834
2 H 5 Z 0 E: 200 + 50 = 250
4 H 5 Z 9 E: 400 + 50 + 9 = 459
5 H 7 Z 2 E: 500 + 70 + 2 = 572
3 H 2 Z 5 E: 300 + 20 + 5 = 325
9 H 6 Z 8 E: 900 + 60 + 8 = 968

c)

100 + 30 + 7: 1 H 3 Z 7 E = 137
600 + 70 + 2: 6 H 7 Z 2 E = 672
800 + 40 + 8: 8 H 4 Z 8 E = 848
400 + 60 + 1: 4 H 6 Z 1 E = 461
100 + 7: 1 H 0 Z 7 E = 107
700 + 80 + 4: 7 H 8 Z 4 E = 784

Zahlen bis 1 000 darstellen

1 Trage jede Zahldarstellung in die Stellenwerttabelle ein.

a)

	T	H	Z	E
200 + 60 + 7		2	6	7
500 + 30		5	3	0
800 + 8		8	0	8

b)

	T	H	Z	E
983		9	8	3
319		3	1	9
401		4	0	1

c)

	T	H	Z	E
5 E 7 Z 6 H		6	7	5
5 Z 1 H 9 E		1	5	9
7 H 2 E 3 Z		7	3	2

2 Ergänze die fehlenden Angaben.

Stellenwerte	Additionsaufgabe	Zahl
2 H 1 Z 3 E	200 + 10 + 3	213
5 H 6 Z 9 E	500 + 60 + 9	569
8 H 5 Z 7 E	800 + 50 + 7	857
9 H 3 Z 6 E	900 + 30 + 6	936
1 H 4 Z 2 E	100 + 40 + 2	142
4 H 7 Z 4 E	400 + 70 + 4	474
6 H 0 Z 5 E	600 + 5	605
3 H 7 Z 6 E	300 + 70 + 6	376
7 H 9 Z 3 E	700 + 90 + 3	793
5 H 8 Z 4 E	500 + 80 + 4	584
8 H 2 Z 1 E	800 + 20 + 1	821
1 H 6 Z 5 E	100 + 60 + 5	165

* **3** Wie heißt deine dreistellige Lieblingszahl? Schreibe sie auf verschiedene Arten.

* Individuelle Lösung

Zahlwörter

1 Schreibe jedes Zahlwort als Zahl.

sechshundert = 600	fünfzig = 50	acht = 8
neunhundert = 900	siebzig = 70	zwei = 2
dreihundert = 300	vierzig = 40	neun = 9
fünfhundert = 500	zehn = 10	eins = 1

2 Schreibe zu jedem Zahlwort die Additionsaufgabe und die Zahl.

a)

vierhundertdreißig: 400 + 30 = 430
zweihundertneunzig: 200 + 90 = 290
fünfhundertzwanzig: 500 + 20 = 520
achthundertsiebzig: 800 + 70 = 870
einhundertzehn: 100 + 10 = 110
dreihundertsechzig: 300 + 60 = 360
siebenhundertvierzig: 700 + 40 = 740
neunhundertachtzig: 900 + 80 = 980
sechshundertfünfzig: 600 + 50 = 650

b)

siebenhundertfünfundvierzig = 700 + 40 + 5 = 745
vierhundertsiebenundneunzig = 400 + 90 + 7 = 497
achthundertdreiundsechzig = 800 + 60 + 3 = 863
zweihundertsechsunddreißig = 200 + 30 + 6 = 236

3 Lies die Zahlwörter. Male bei den richtigen Zahlen den Hunderter in Grün, den Zehner in Blau und den Einer in Rot an.

a) fünfhunderteinundsiebzig: 517 **571**

b) dreihundertneunundsechzig: **369** 396

c) sechshundertdreiundneunzig: **693** 639

d) siebenhundertachtundzwanzig: 782 **728**

Zahlwörter

1 Lies die Zahlwörter. Male die passenden Zahlen an.

a) einhundertfünfundachtzig: 158 **185** 518

b) dreihundertsiebenundzwanzig: 372 377 **327**

c) vierhundertdreiundfünfzig: **453** 435 345

d) siebenhundertsiebenundachtzig: 778 877 **787**

2 Bilde immer mit allen Wortkarten Zahlen und schreibe sie auf.

a) sechshundert, vier, und, fünfzig = 654

b) neunzig, und, acht, zweihundert = 298

c) dreißig, und, sechs, achthundert = 836

d) siebenhundert, neun, und, sechzig = 769

e) neunhundert, zwei, und, achtzig = 982

f) zwanzig, und, drei, einhundert = 123

3 Finde alle dreistelligen Zahlen, die du mit den Wortkarten bilden kannst. Es sind jeweils 6 Zahlen.

a) sechshundert, sechs, vierzig, und, acht: 600, 606, 608, 640, 646, 648

b) fünfhundert, siebzig, und, zwei, drei: 500, 502, 503, 570, 572, 573

Tausenderstreifen

Blatt 1

1	2	3	4	5	6	7	8	9	10
11	12	13	14	15	16	17	18	19	20
21	22	23	24	25	26	27	28	29	30
31	32	33	34	35	36	37	38	39	40
41	42	43	44	45	46	47	48	49	50
51	52	53	54	55	56	57	58	59	60
61	62	63	64	65	66	67	68	69	70
71	72	73	74	75	76	77	78	79	80
81	82	83	84	85	86	87	88	89	90
91	92	93	94	95	96	97	98	99	100

Blatt 2

101	102	103	104	105	106	107	108	109	110
111	112	113	114	115	116	117	118	119	120
121	122	123	124	125	126	127	128	129	130
131	132	133	134	135	136	137	138	139	140
141	142	143	144	145	146	147	148	149	150
151	152	153	154	155	156	157	158	159	160
161	162	163	164	165	166	167	168	169	170
171	172	173	174	175	176	177	178	179	180
181	182	183	184	185	186	187	188	189	190
191	192	193	194	195	196	197	198	199	200

Blatt 3

201	202	203	204	205	206	207	208	209	210
211	212	213	214	215	216	217	218	219	220
221	222	223	224	225	226	227	228	229	230
231	232	233	234	235	236	237	238	239	240
241	242	243	244	245	246	247	248	249	250
251	252	253	254	255	256	257	258	259	260
261	262	263	264	265	266	267	268	269	270
271	272	273	274	275	276	277	278	279	280
281	282	283	284	285	286	287	288	289	290
291	292	293	294	295	296	297	298	299	300

Zeile: Von links nach rechts.
Spalte: Von oben nach unten.

1 Auf den Seiten 14 bis 17 ist der Tausenderstreifen abgebildet. Er hat 10 Blätter.

a) Suche auf jedem Blatt die Zahl oben links. Schreibe alle Zahlen auf.
1, 101, 201, 301, 401, 501, 601, 701, 801, 901

b) Suche auf jedem Blatt die Zahl unten rechts. Schreibe alle Zahlen auf.
100, 200, 300, 400, 500, 600, 700, 800, 900, 1 000

c) Schreibe alle Zahlen auf, die in der Spalte unter 110 stehen.
110, 120, 130, 140, 150, 160, 170, 180, 190, 200

d) Schreibe alle Zahlen auf, die in der Zeile neben 141 stehen.
141, 142, 143, 144, 145, 146, 147, 148, 149, 150

e) Schreibe alle Zahlen auf, die in der Spalte unter 207 stehen.
207, 217, 227, 237, 247, 257, 267, 277, 287, 297

* **2** Male die Zahlen im Tausenderstreifen rot an. Was fällt dir auf?

234 300 201 278 223
289 256 245 267 212

Mir fällt auf, dass *die Zahlen von oben links nach unten rechts gehen (diagonal).*

 ** Beispiellösung: Andere Formulierungen sind möglich.*

Tausenderstreifen

Blatt 4

301	302	303	304	305	306	307	308	309	310
311	312	313	314	315	316	317	318	319	320
321	322	323	324	325	326	327	328	329	330
331	332	333	334	335	336	337	338	339	340
341	342	343	344	345	346	347	348	349	350
351	352	353	354	355	356	357	358	359	360
361	362	363	364	365	366	367	368	369	370
371	372	373	374	375	376	377	378	379	380
381	382	383	384	385	386	387	388	389	390
391	392	393	394	395	396	397	398	399	400

Blatt 5

401	402	403	404	405	406	407	408	409	410
411	412	413	414	415	416	417	418	419	420
421	422	423	424	425	426	427	428	429	430
431	432	433	434	435	436	437	438	439	440
441	442	443	444	445	446	447	448	449	450
451	452	453	454	455	456	457	458	459	460
461	462	463	464	465	466	467	468	469	470
471	472	473	474	475	476	477	478	479	480
481	482	483	484	485	486	487	488	489	490
491	492	493	494	495	496	497	498	499	500

Blatt 6

501	502	503	504	505	506	507	508	509	510
511	512	513	514	515	516	517	518	519	520
521	522	523	524	525	526	527	528	529	530
531	532	533	534	535	536	537	538	539	540
541	542	543	544	545	546	547	548	549	550
551	552	553	554	555	556	557	558	559	560
561	562	563	564	565	566	567	568	569	570
571	572	573	574	575	576	577	578	579	580
581	582	583	584	585	586	587	588	589	590
591	592	593	594	595	596	597	598	599	600

1 Male die Zahlen im Tausenderstreifen an. Es entsteht ein Muster.

a) Male die Zahlen blau an.

301 310 356 378 373 400
346 328 391 345 355 323

b) Male die Zahlen gelb an.

479 412 429 488 472
413 422 419 483 489 482
473 423 478 428 418

* **2** Male auf Blatt 6 ein Muster in Grün. Schreibe die Zahlen auf, die du angemalt hast.

 ** Individuelle Lösung*

Tausenderstreifen

Blatt 7

601	602	603	604	605	606	607	608	609	610
611	612	613	614	615	616	617	618	619	620
621	622	623	624	625	626	627	628	629	630
631	632	633	634	635	636	637	638	639	640
641	642	643	644	645	646	647	648	649	650
651	652	653	654	655	656	657	658	659	660
661	662	663	664	665	666	667	668	669	670
671	672	673	674	675	676	677	678	679	680
681	682	683	684	685	686	687	688	689	690
691	692	693	694	695	696	697	698	699	700

Blatt 8

701	702	703	704	705	706	707	708	709	710
711	712	713	714	715	716	717	718	719	720
721	722	723	724	725	726	727	728	729	730
731	732	733	734	735	736	737	738	739	740
741	742	743	744	745	746	747	748	749	750
751	752	753	754	755	756	757	758	759	760
761	762	763	764	765	766	767	768	769	770
771	772	773	774	775	776	777	778	779	780
781	782	783	784	785	786	787	788	789	790
791	792	793	794	795	796	797	798	799	800

1 Schreibe zuerst die passenden Zahlen. Kontrolliere mit dem Tausenderstreifen.

a) Welche Zahlen stehen links und rechts neben der Zahl?

601	602	*603*	*688*	689	*690*	*734*	735	*736*
798	799	*800*	*845*	846	*847*	*816*	817	*818*
913	914	*915*	*853*	854	*855*	*668*	669	*670*

b) Welche Zahlen stehen über und unter der Zahl?

638	*676*	*712*	*705*
648	686	722	715
658	*696*	*732*	*725*

841	*873*	*929*	*965*
851	883	939	975
861	*893*	*949*	*985*

c) Welche Zahl steht

… rechts neben 701? *702* … links neben 1 000? *999*
… über 620? *610* … unter 879? *889*
… links neben 930? *929* … rechts neben 774? *775*
… unter 857? *867* … über 655? *645*

Tausenderstreifen

Blatt 9

801	802	803	804	805	806	807	808	809	810
811	812	813	814	815	816	817	818	819	820
821	822	823	824	825	826	827	828	829	830
831	832	833	834	835	836	837	838	839	840
841	842	843	844	845	846	847	848	849	850
851	852	853	854	855	856	857	858	859	860
861	862	863	864	865	866	867	868	869	870
871	872	873	874	875	876	877	878	879	880
881	882	883	884	885	886	887	888	889	890
891	892	893	894	895	896	897	898	899	900

Blatt 10

901	902	903	904	905	906	907	908	909	910
911	912	913	914	915	916	917	918	919	920
921	922	923	924	925	926	927	928	929	930
931	932	933	934	935	936	937	938	939	940
941	942	943	944	945	946	947	948	949	950
951	952	953	954	955	956	957	958	959	960
961	962	963	964	965	966	967	968	969	970
971	972	973	974	975	976	977	978	979	980
981	982	983	984	985	986	987	988	989	990
991	992	993	994	995	996	997	998	999	1000

1 Schreibe die Zahlen auf, die bei den Buchstaben stehen müssten.
Kontrolliere mit dem Tausenderstreifen.

a)

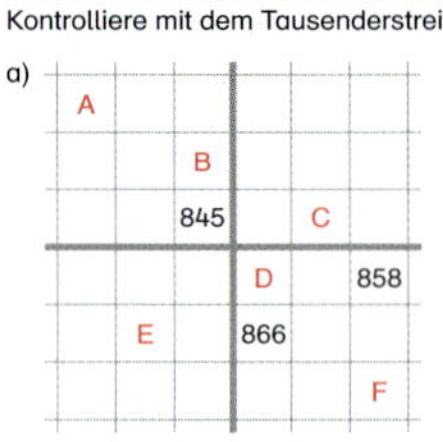

A: *823* B: *835* C: *847*
D: *856* E: *864* F: *878*

b)

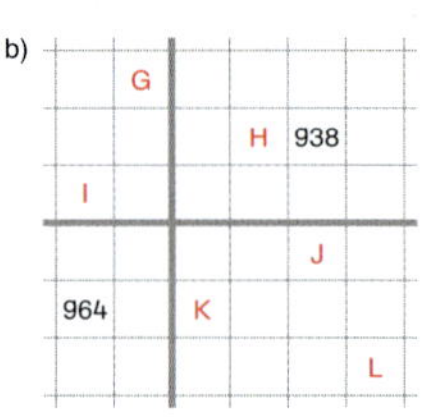

G: *925* H: *937* I: *944*
J: *958* K: *966* L: *979*

c)

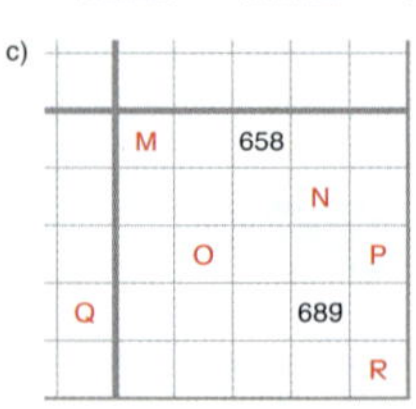

M: *656* N: *669* O: *677*
P: *680* Q: *685* R: *700*

d)

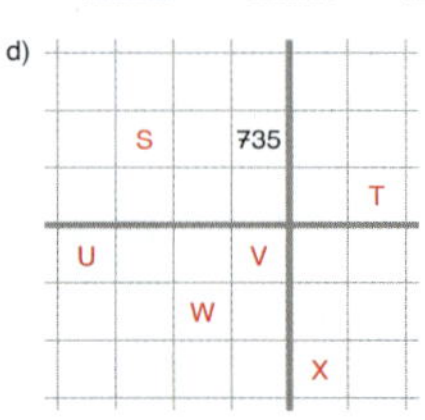

S: *733* T: *747* U: *752*
V: *755* W: *764* X: *776*

Zahlenstrahl

1 Welche Zahlen gehören zu den Buchstaben? Schreibe.

a) A B C D E F

100 110 120 130 140 150 160 170 180 190 200 210 220 230 240 250 260 270

A: 117 B: 140 C: 176 D: 205 E: 223 F: 259

b) G H I J K L

400 450 500 550

G: 408 H: 430 I: 451 J: 487 K: 546 L: 562

c) M N O P Q R

600 650 700 750

M: 627 N: 646 O: 661 P: 698 Q: 714 R: 739

d) S T U V W X

800 900

S: 812 T: 838 U: 857 V: 873 W: 904 X: 951

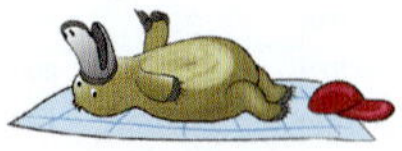

Zahlenstrahl

1 Verbinde die Zahlen mit der richtigen Stelle am Zahlenstrahl.

a) 0 100

38 57 43 75 102 134 120 155

b) 200 300

252 213 248 297 285 309 354 326

c) 400 500

449 415 424 478 537 506 550 523

d) 600 700

631 658 619 688 702 694 763 747

e) 800 900

836 811 873 845 888 929 964 907

Zahlenstrahl

1 Schreibe die Hunderterzahlen an den Zahlenstrahl.

0 100 200 300 400 500 600 700 800 900 1000

2 Welche Zehnerzahlen gehören zu den Buchstaben? Schreibe.

a) A B C D E

0 100 200 300 400 500 600 700 800

A: 90 B: 220 C: 450 D: 570 E: 740

b) F G H I J K

0 100 200 1 000

F: 130 G: 210 H: 360 I: 490 J: 670 K: 800

c) L M N O P Q

0 100 200 1 000

L: 40 M: 180 N: 330 O: 520 P: 850 Q: 960

d) R S T U V W

0 100 200 1 000

R: 70 S: 290 T: 460 U: 610 V: 780 W: 920

Zahlenstrahl

1 Verbinde die Zahlen mit der richtigen Stelle am Zahlenstrahl.

a) 0

100 0 300 400 200 500 700 600 1 000 900 800

b) 0 1 000

70 410 240 350 580 630 990 720

c) 0 1 000

150 290 30 510 440 860 780 920

2 An diesem Zahlenstrahl sind fünf Zahlen falsch verbunden. Streiche sie durch.

0 1 000

~~310~~ 140 ~~530~~ 250 ~~590~~ ~~880~~ 690 ~~960~~

3 Wohin gehören die Zahlen ungefähr? Verbinde.

0 1 000

128 465 273 507 786 659 831 914

Vorgänger und Nachfolger am Zahlenstrahl

1 Welche Zahlen gehören zu den Buchstaben?
Schreibe sie mit Vorgänger (V) und Nachfolger (N) auf.

a)

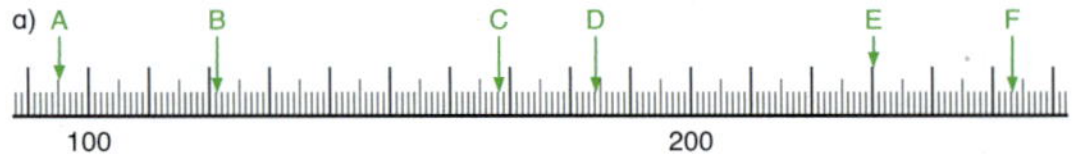

V	Zahl	N
94	A: 95	96
120	B: 121	122
167	C: 168	169

V	Zahl	N
183	D: 184	185
229	E: 230	231
252	F: 253	254

b)

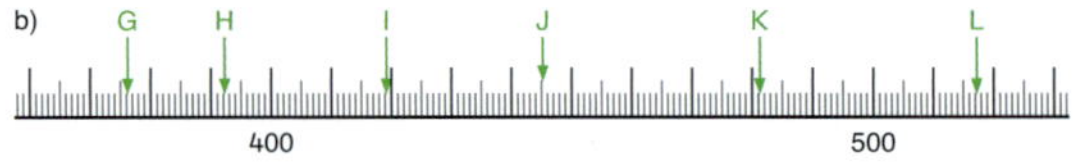

V	Zahl	N
375	G: 376	377
391	H: 392	393
418	I: 419	420

V	Zahl	N
444	J: 445	446
480	K: 481	482
516	L: 517	518

2 Schreibe zu jeder Zahl den Vorgänger (V) und den Nachfolger (N) auf.

V	Zahl	N
707	708	709
733	734	735
761	762	763
798	799	800
809	810	811
855	856	857

V	Zahl	N
326	327	328
979	980	981
573	574	575
692	693	694
199	200	201
887	888	889

3 Ergänze die Tabelle mit passenden Zahlen.

V	Zahl	N
630	631	632
57	58	59
472	473	474
243	244	245

V	Zahl	N
998	999	1000
305	306	307
724	725	726
499	500	501

Nachbarzehner am Zahlenstrahl

1 Welche Zahlen gehören zu den Buchstaben?
Schreibe die Zahlen mit ihren Nachbarzehnern (NZ) auf.

a)

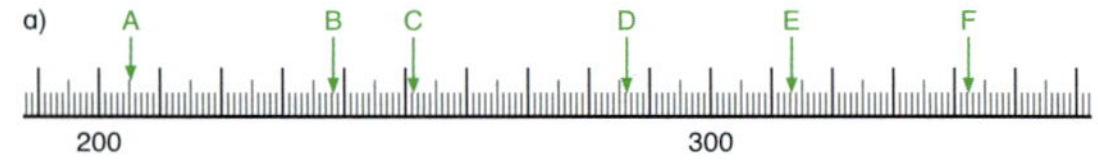

NZ	Zahl	NZ
200	A: 205	210
230	B: 238	240
250	C: 251	260

NZ	Zahl	NZ
280	D: 286	290
310	E: 313	320
340	F: 342	350

b)

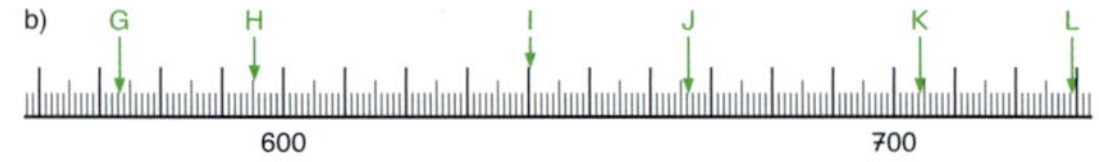

NZ	Zahl	NZ
570	G: 573	580
590	H: 595	600
630	I: 640	650

NZ	Zahl	NZ
660	J: 666	670
700	K: 704	710
720	L: 729	730

2 Schreibe zu jeder Zahl die Nachbarzehner (NZ) auf.

NZ	Zahl	NZ
860	869	870
880	882	890
910	914	920
950	955	960
960	970	980
990	991	1000

NZ	Zahl	NZ
120	127	130
790	792	800
470	479	480
890	900	910
300	308	310
860	861	870

* **3** Ergänze die Tabelle mit passenden Zahlen.

NZ	Zahl	NZ
340	344	350
670	671	680
910	912	920
580	585	590

NZ	Zahl	NZ
860	869	870
430	437	440
200	210	220
790	796	800

Nachbarhunderter am Zahlenstrahl

1 Wohin gehören die Zahlen aus der Tabelle ungefähr?
Zeichne Pfeile an den Zahlenstrahl. Schreibe dann ihre Nachbarhunderter (NH) auf.

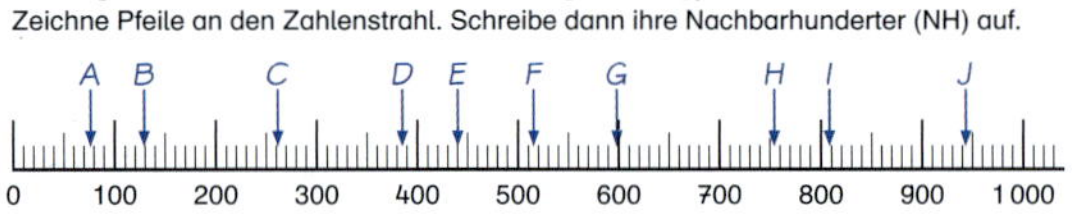

NH	Zahl	NH
0	A: 75	100
100	B: 128	200
200	C: 260	300
300	D: 384	400
400	E: 439	500

NH	Zahl	NH
500	F: 513	600
600	G: 697	700
700	H: 752	800
800	I: 806	900
900	J: 941	1000

2 Schreibe die Nachbarhunderter (NH) auf. Der Zahlenstrahl kann dir helfen.

NH	Zahl	NH
200	293	300
500	568	600
100	104	200
800	849	900
400	495	500
200	236	300
700	719	800
500	588	600

NH	Zahl	NH
300	372	400
900	926	1000
400	450	500
600	631	700
0	45	100
900	964	1000
500	600	700
300	323	400

* **3** Ergänze die Tabelle mit passenden Zahlen.

NH	Zahl	NH
200	211	300
600	657	700
400	443	500
800	876	900

NH	Zahl	NH
700	714	800
300	400	500
500	567	600
900	919	1000

Nachbarzahlen

1 Schreibe zu den Zahlen den Vorgänger (V), den Nachfolger (N), die Nachbarzehner (NZ) und den Nachbarhunderter (NH) auf.

NH	NZ	V	Zahl	N	NZ	NH
200	250	258	259	260	260	300
800	860	861	862	863	870	900
500	540	547	548	549	550	600
300	390	399	400	401	410	500
900	960	969	970	971	980	1000
500	500	500	501	502	510	600
600	620	625	626	627	630	700
900	990	998	999	1000	1000	1000

* **2** Ergänze die Tabelle mit passenden Zahlen.

a)

NZ	Zahl	NZ
270	272	280
990	993	1000
410	411	420
740	748	750

b)

NH	Zahl	NH
100	157	200
700	732	800
500	555	600
300	376	400

3 Rechne zu den Nachbarzehnern.

a) 367 – 7 = 360
367 + 3 = 370

b) 132 – 2 = 130
132 + 8 = 140

c) 875 – 5 = 870
875 + 5 = 880

d) 504 – 4 = 500
504 + 6 = 510

e) 298 – 8 = 290
298 + 2 = 300

f) 613 – 3 = 610
613 + 7 = 620

4 Rechne zu den Nachbarhundertern.

a) 367 – 67 = 300
367 + 33 = 400

b) 740 – 40 = 700
740 + 60 = 800

c) 429 – 29 = 400
429 + 71 = 500

d) 951 – 51 = 900
951 + 49 = 1000

e) 586 – 86 = 500
586 + 14 = 600

f) 111 – 11 = 100
111 + 89 = 200

Zahlen zum Zehner runden

1 Zu welcher Zehnerzahl ist Ricos Weg kürzer? Schreibe die gerundete Zahl auf.

a) 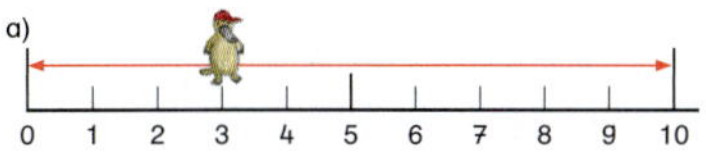

3 ≈ 0

b) 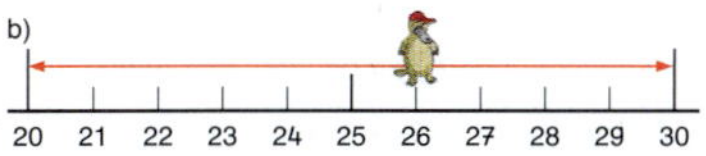

26 ≈ 30

c) 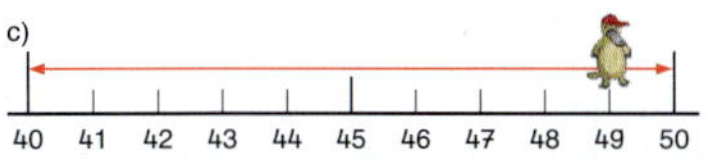

49 ≈ 50

d) 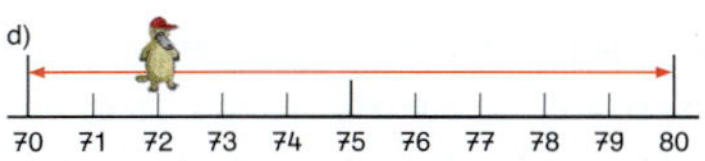

72 ≈ 70

e) 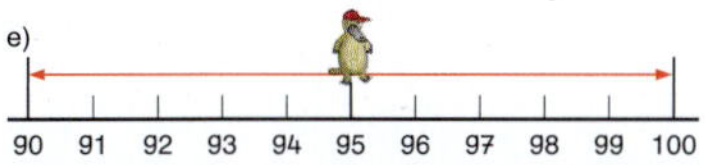

95 ≈ 100

2 Zu welcher Zehnerzahl ist Ricos Weg kürzer? Schreibe die gerundete Zahl auf.

a) 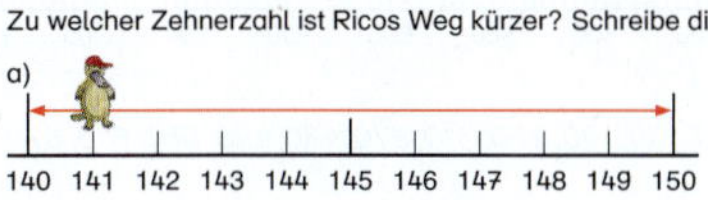

141 ≈ 140

b) 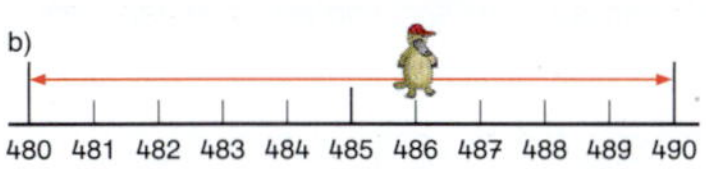

486 ≈ 490

c) 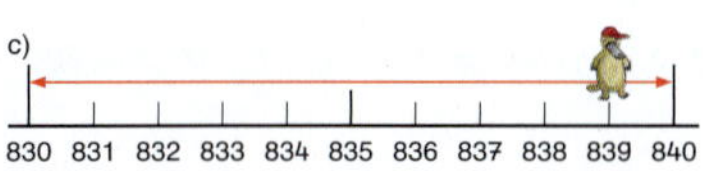

839 ≈ 840

Zahlen zum Zehner runden

1 Welche Zehnerzahl liegt näher?
Zeichne zuerst Pfeile an die passende Stelle am Zahlenstrahl.
Schreibe dann die gerundete Zahl auf. Denke an Ricos Regel von Seite 26.

a) 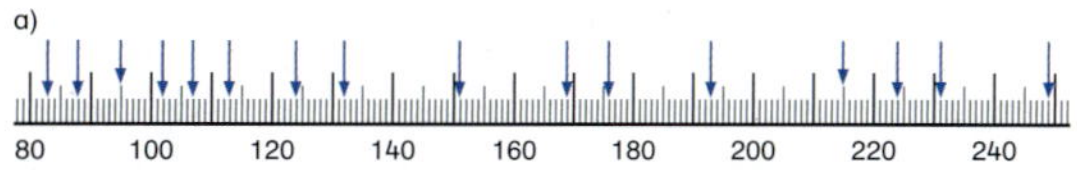

83 ≈ 80	107 ≈ 110	151 ≈ 150	215 ≈ 220
88 ≈ 90	113 ≈ 110	169 ≈ 170	224 ≈ 220
95 ≈ 100	124 ≈ 120	176 ≈ 180	231 ≈ 230
102 ≈ 100	132 ≈ 130	193 ≈ 190	249 ≈ 250

b) 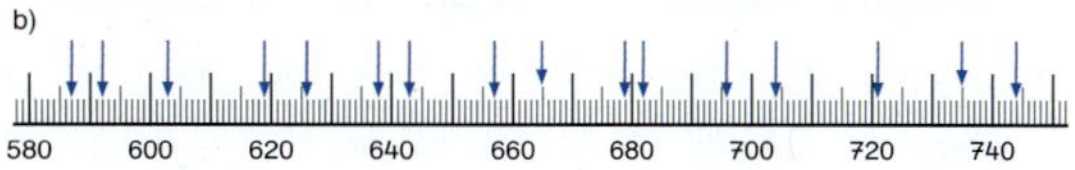

587 ≈ 590	619 ≈ 620	592 ≈ 590	626 ≈ 630
704 ≈ 700	682 ≈ 680	721 ≈ 720	638 ≈ 640
696 ≈ 700	735 ≈ 740	657 ≈ 660	603 ≈ 600
665 ≈ 670	643 ≈ 640	679 ≈ 680	744 ≈ 740

2 Runde zum Zehner.

a) 327 ≈ 330	198 ≈ 200	906 ≈ 910	444 ≈ 440
868 ≈ 870	784 ≈ 780	72 ≈ 70	385 ≈ 390
511 ≈ 510	217 ≈ 220	843 ≈ 840	973 ≈ 970
456 ≈ 460	353 ≈ 350	769 ≈ 770	247 ≈ 250
b) 978 ≈ 980	562 ≈ 560	234 ≈ 230	856 ≈ 860
131 ≈ 130	316 ≈ 320	708 ≈ 710	97 ≈ 100
59 ≈ 60	925 ≈ 930	649 ≈ 650	995 ≈ 1000
604 ≈ 600	493 ≈ 490	112 ≈ 110	561 ≈ 560

Zahlen zum Hunderter runden

1 Zu welchem Hunderter ist Ricos Weg kürzer? Schreibe die gerundete Zahl auf.

a) 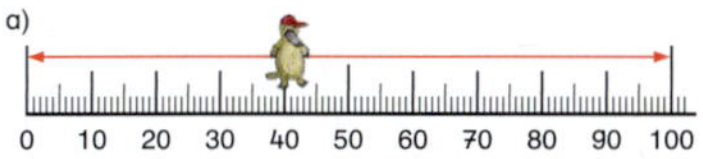

38 ≈ 0

b) 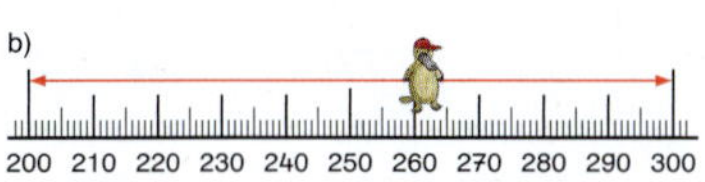

261 ≈ 300

c) 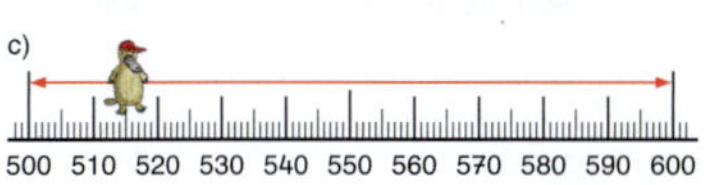

515 ≈ 500

d) 

886 ≈ 900

e) 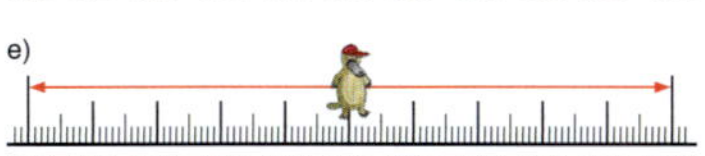

950 ≈ 1000

2 Welcher Hunderter liegt näher? Zeichne zuerst Pfeile an die passende Stelle am Zahlenstrahl. Schreibe dann die gerundete Zahl auf.

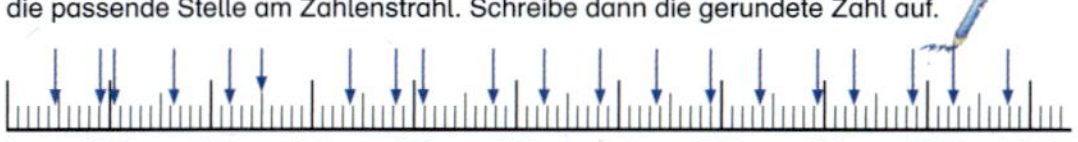

383 ≈ 400	104 ≈ 100	794 ≈ 800	337 ≈ 300
738 ≈ 700	979 ≈ 1000	582 ≈ 600	829 ≈ 800
886 ≈ 900	250 ≈ 300	47 ≈ 0	478 ≈ 500
527 ≈ 500	408 ≈ 400	690 ≈ 700	164 ≈ 200
91 ≈ 100	636 ≈ 600	219 ≈ 200	925 ≈ 900

Zahlen zum Hunderter runden

1 Runde zum Hunderter. Der Zahlenstrahl kann dir helfen.

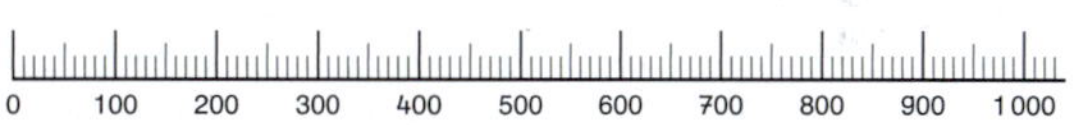

a) 98 ≈ 100	777 ≈ 800	151 ≈ 200	380 ≈ 400
263 ≈ 300	419 ≈ 400	326 ≈ 300	249 ≈ 200
901 ≈ 900	635 ≈ 600	984 ≈ 1000	712 ≈ 700
574 ≈ 600	892 ≈ 900	437 ≈ 400	509 ≈ 500
b) 838 ≈ 800	136 ≈ 100	748 ≈ 700	219 ≈ 200
642 ≈ 600	957 ≈ 1000	483 ≈ 500	851 ≈ 900
25 ≈ 0	281 ≈ 300	690 ≈ 700	586 ≈ 600
373 ≈ 400	529 ≈ 500	175 ≈ 200	337 ≈ 300

2 Runde die Zahlen zum Hunderter. Kreise sie mit der passenden Farbe ein.

400 500 600 700 800 900

814 578 527 863 444 797
666 949 786 608 720 639
351 495 732 395 471 916

* **3** Finde passende Zahlen zu den gerundeten Hundertern.

187 ≈ 200	291 ≈ 300	689 ≈ 700	963 ≈ 1 000
212 ≈ 200	348 ≈ 300	672 ≈ 700	959 ≈ 1 000
155 ≈ 200	314 ≈ 300	712 ≈ 700	987 ≈ 1 000
206 ≈ 200	301 ≈ 300	724 ≈ 700	999 ≈ 1 000

* Beispiellösung

Zahlenfolgen am Zahlenstrahl

1 Zähle in Schritten. Zeichne Pfeile. Schreibe mindestens 8 Zahlen auf.

a)

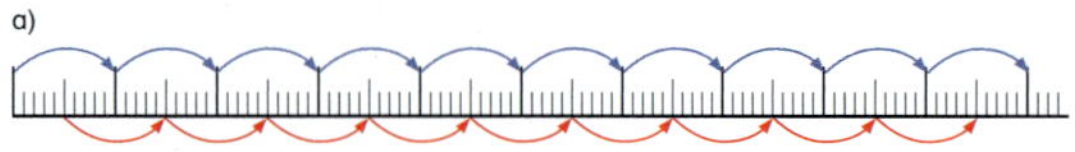

0 100 200 300 400 500 600 700 800 900 1 000

100er-Schritte: 0, 100, 200, 300, 400, 500, 600, 700, 800, 900, 1 000

100er-Schritte: 50, 150, 250, 350, 450, 550, 650, 750, 850, 950

b)

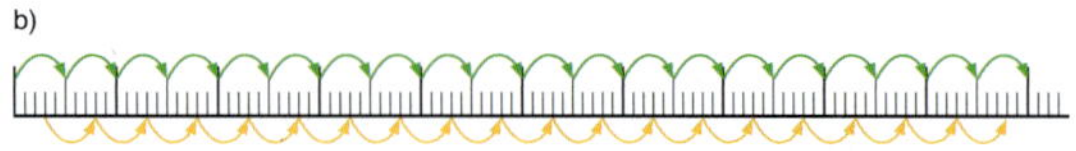

0 100 200 300 400 500 600 700 800 900 1 000

50er-Schritte: 0, 50, 100, 150, 200, 250, 300, 350, 400, 450, 500, 550, 600

50er-Schritte: 30, 80, 130, 180, 230, 280, 330, 380, 430, 480, 530, 580, 630

c)

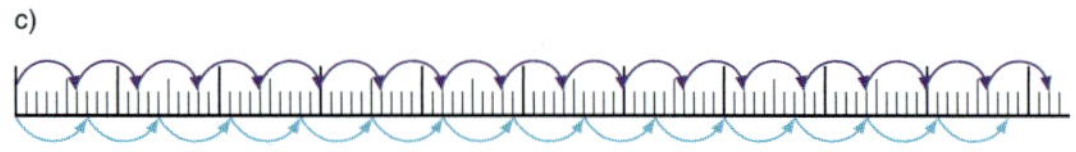

0 100 200 300 400 500 600 700 800 900 1 000

60er-Schritte: 0, 60, 120, 180, 240, 300, 360, 420, 480, 540, 600, 660, 720

70er-Schritte: 0, 70, 140, 210, 280, 350, 420, 490, 560, 630, 700, 770, 840

d)

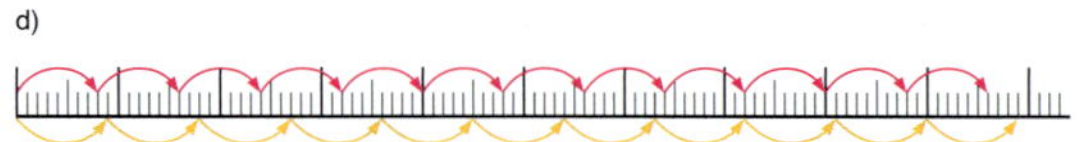

0 100 200 300 400 500 600 700 800 900 1 000

80er-Schritte: 0, 80, 160, 240, 320, 400, 480, 560, 640, 720, 800, 880, 960

90er-Schritte: 0, 90, 180, 270, 360, 450, 540, 630, 720, 810, 900, 990

Zahlenfolgen am Zahlenstrahl

1 Zähle rückwärts in Schritten. Zeichne Pfeile und schreibe die Zahlen auf.

a)

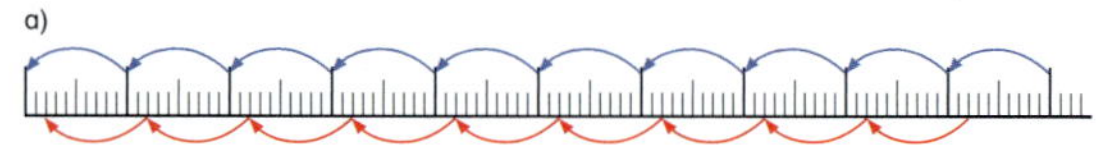

0 100 200 300 400 500 600 700 800 900 1 000

100er-Schritte: 1 000, 900, 800, 700, 600, 500, 400, 300, 200, 100, 0

100er-Schritte: 920, 820, 720, 620, 520, 420, 320, 220, 120, 20

b)

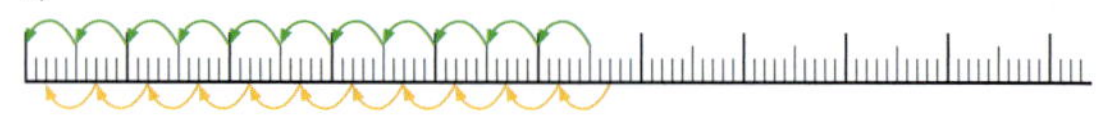

0 100 200 300 400 500 600 700 800 900 1 000

50er-Schritte: 550, 500, 450, 400, 350, 300, 250, 200, 150, 100, 50, 0

50er-Schritte: 570, 520, 470, 420, 370, 320, 270, 220, 170, 120, 70, 20

2 Zähle in Schritten. Der Zahlenstrahl hilft dir. Schreibe mindestens 8 Zahlen auf.

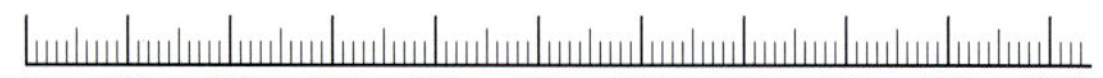

0 100 200 300 400 500 600 700 800 900 1 000

immer + 60	10, 70, 130, 190, 250, 310, 370, 430, 490, 550, 610, 670
immer + 90	50, 140, 230, 320, 410, 500, 590, 680, 770, 860, 950
immer – 40	880, 840, 800, 760, 720, 680, 640, 600, 560, 520, 480
immer – 70	960, 890, 820, 750, 680, 610, 540, 470, 400, 330, 260

Addieren mit Einern, Zehnern und Hundertern

1 Addiere. Beachte Einer, Zehner und Hunderter.

a)	3 + 6 = 9	5 + 2 = 7	8 + 1 = 9
	30 + 60 = 90	50 + 20 = 70	80 + 10 = 90
	300 + 600 = 900	500 + 200 = 700	800 + 100 = 900
b)	4 + 3 = 7	6 + 4 = 10	1 + 7 = 8
	40 + 30 = 70	60 + 40 = 100	10 + 70 = 80
	400 + 300 = 700	600 + 400 = 1000	100 + 700 = 800

2 Ergänze.

a)	2 + 5 = 7	7 + 2 = 9	5 + 3 = 8
	20 + 50 = 70	70 + 20 = 90	50 + 30 = 80
	200 + 500 = 700	700 + 200 = 900	500 + 300 = 800
b)	3 + 1 = 4	6 + 2 = 8	2 + 4 = 6
	30 + 10 = 40	60 + 20 = 80	20 + 40 = 60
	300 + 100 = 400	600 + 200 = 800	200 + 400 = 600

3 Addiere.

160 + 100 = 260	200 + 30 = 230	420 + 100 = 520
260 + 100 = 360	200 + 130 = 330	420 + 200 = 620
460 + 100 = 560	200 + 530 = 730	420 + 400 = 820
660 + 100 = 760	200 + 730 = 930	420 + 500 = 920

4 Addiere.

120 + 120 = 240	610 + 380 = 990	230 + 320 = 550
120 + 220 = 340	410 + 380 = 790	230 + 330 = 560
120 + 620 = 740	210 + 380 = 590	230 + 350 = 580
120 + 720 = 840	10 + 380 = 390	230 + 360 = 590

Addieren mit Einern, Zehnern und Hundertern

1 Addiere. Beachte Einer, Zehner und Hunderter.

a)	25 + 3 = 28	49 + 4 = 53	33 + 6 = 39
	25 + 30 = 55	49 + 40 = 89	33 + 60 = 93
	25 + 300 = 325	49 + 400 = 449	33 + 600 = 633
b)	16 + 5 = 21	54 + 3 = 57	68 + 1 = 69
	16 + 50 = 66	54 + 30 = 84	68 + 10 = 78
	16 + 500 = 516	54 + 300 = 354	68 + 100 = 168

2 Ergänze.

a)	38 + 2 = 40	21 + 7 = 28	47 + 5 = 52
	38 + 20 = 58	21 + 70 = 91	47 + 50 = 97
	38 + 200 = 238	21 + 700 = 721	47 + 500 = 547
b)	55 + 4 = 59	35 + 3 = 38	28 + 6 = 34
	55 + 40 = 95	35 + 30 = 65	28 + 60 = 88
	55 + 400 = 455	35 + 300 = 335	28 + 600 = 628

* **3** Finde zu jeder Aufgabenreihe zwei weitere Aufgaben.

a)	65 + 110 = 175	230 + 160 = 390	710 + 250 = 960
	65 + 210 = 275	230 + 140 = 370	710 + 200 = 910
	65 + 310 = 375	230 + 120 = 350	710 + 150 = 860
	65 + 410 = 475	230 + 100 = 330	710 + 100 = 810
	65 + 510 = 575	230 + 80 = 310	710 + 50 = 760
b)	94 + 105 = 199	460 + 240 = 700	40 + 6 = 46
	84 + 105 = 189	360 + 340 = 700	140 + 26 = 166
	74 + 105 = 179	260 + 440 = 700	240 + 46 = 286
	64 + 105 = 169	160 + 540 = 700	340 + 66 = 406
	54 + 105 = 159	60 + 640 = 700	440 + 86 = 526

* Beispiellösung

1 Subtrahiere. Beachte Einer, Zehner und Hunderter.

a)	8 – 5 = 3	3 – 1 = 2	6 – 5 = 1
	80 – 50 = 30	30 – 10 = 20	60 – 50 = 10
	800 – 500 = 300	300 – 100 = 200	600 – 500 = 100
b)	7 – 2 = 5	9 – 3 = 6	5 – 3 = 2
	70 – 20 = 50	90 – 30 = 60	50 – 30 = 20
	700 – 200 = 500	900 – 300 = 600	500 – 300 = 200

2 Ergänze.

a)	4 – 2 = 2	7 – 6 = 1	8 – 4 = 4
	40 – 20 = 20	70 – 60 = 10	80 – 40 = 40
	400 – 200 = 200	700 – 600 = 100	800 – 400 = 400
b)	6 – 2 = 4	5 – 3 = 2	9 – 7 = 2
	60 – 20 = 40	50 – 30 = 20	90 – 70 = 20
	600 – 200 = 400	500 – 300 = 200	900 – 700 = 200

3 Subtrahiere.

180 – 100 = 80	600 – 50 = 550	960 – 100 = 860
280 – 100 = 180	600 – 150 = 450	960 – 200 = 760
380 – 100 = 280	600 – 250 = 350	960 – 400 = 560
480 – 100 = 380	600 – 350 = 250	960 – 800 = 160

4 Subtrahiere.

750 – 130 = 620	860 – 250 = 610	470 – 120 = 350
750 – 230 = 520	760 – 250 = 510	470 – 130 = 340
750 – 430 = 320	560 – 250 = 310	470 – 150 = 320
750 – 730 = 20	360 – 250 = 110	470 – 170 = 300

1 Subtrahiere. Beachte Einer, Zehner und Hunderter.

a)	575 – 3 = 572	851 – 4 = 847	370 – 2 = 368
	575 – 30 = 545	851 – 40 = 811	370 – 20 = 350
	575 – 300 = 275	851 – 400 = 451	370 – 200 = 170
b)	982 – 7 = 975	693 – 6 = 687	774 – 5 = 769
	982 – 70 = 912	693 – 60 = 633	774 – 50 = 724
	982 – 700 = 282	693 – 600 = 93	774 – 500 = 274

2 Ergänze.

a)	420 – 1 = 419	984 – 8 = 976	862 – 3 = 859
	420 – 10 = 410	984 – 80 = 904	862 – 30 = 832
	420 – 100 = 320	984 – 800 = 184	862 – 300 = 562
b)	683 – 5 = 678	452 – 4 = 448	895 – 7 = 888
	683 – 50 = 633	452 – 40 = 412	895 – 70 = 825
	683 – 500 = 183	452 – 400 = 52	895 – 700 = 195

* **3** Finde zu jeder Aufgabenreihe zwei weitere Aufgaben.

a)	756 – 120 = 636	670 – 240 = 430	590 – 550 = 40
	756 – 220 = 536	670 – 340 = 330	590 – 500 = 90
	756 – 320 = 436	670 – 440 = 230	590 – 450 = 140
	756 – 420 = 336	670 – 540 = 130	590 – 400 = 190
	756 – 520 = 236	670 – 640 = 30	590 – 350 = 240
b)	938 – 208 = 730	580 – 440 = 140	95 – 3 = 92
	838 – 208 = 630	680 – 340 = 340	195 – 13 = 182
	738 – 208 = 530	780 – 240 = 540	295 – 23 = 272
	638 – 208 = 430	880 – 140 = 740	395 – 33 = 362
	538 – 208 = 330	980 – 40 = 940	495 – 43 = 452

165 + 51 =

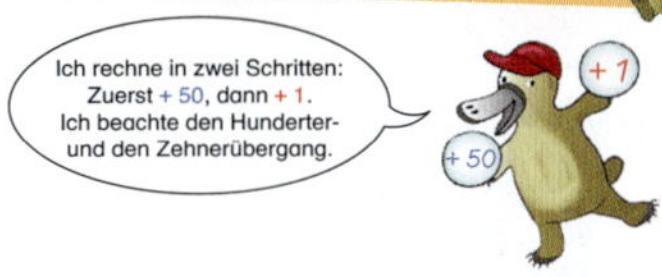

1 Addiere wie Rico.

a)	165 + 51 = 216	416 + 64 = 480	772 + 43 = 815
	165 + 50 = 215	416 + 60 = 476	772 + 40 = 812
	215 + 1 = 216	476 + 4 = 480	812 + 3 = 815
b)	252 + 47 = 299	585 + 62 = 647	393 + 25 = 418
	252 + 40 = 292	585 + 60 = 645	393 + 20 = 413
	292 + 7 = 299	645 + 2 = 647	413 + 5 = 418
c)	847 + 96 = 943	679 + 59 = 738	913 + 87 = 1000
	847 + 90 = 937	679 + 50 = 729	913 + 80 = 993
	937 + 6 = 943	729 + 9 = 738	993 + 7 = 1000

2 Rechne zuerst mit den Zehnern, dann mit den Einern.

a)	366 + 58 = 424	874 + 37 = 911	285 + 49 = 334
	360 + 50 = 410	870 + 30 = 900	280 + 40 = 320
	6 + 8 = 14	4 + 7 = 11	5 + 9 = 14
	410 + 14 = 424	900 + 11 = 911	320 + 14 = 334
b)	537 + 85 = 622	158 + 77 = 235	676 + 66 = 742
	530 + 80 = 610	150 + 70 = 220	670 + 60 = 730
	7 + 5 = 12	8 + 7 = 15	6 + 6 = 12
	610 + 12 = 622	220 + 15 = 235	730 + 12 = 742

3 Addiere im Kopf.

240 + 80 = 320	190 + 70 = 260	555 + 90 = 645
490 + 40 = 530	880 + 60 = 940	378 + 50 = 428

* **1** Addiere mit deinem Weg.

a)	323 + 49 = 372	451 + 56 = 507	786 + 65 = 851
	323 + 40 = 363	451 + 50 = 501	786 + 60 = 846
	363 + 9 = 372	501 + 6 = 507	846 + 5 = 851
b)	638 + 73 = 711	837 + 82 = 919	145 + 17 = 162
	638 + 70 = 708	837 + 80 = 917	145 + 10 = 155
	708 + 3 = 711	917 + 2 = 919	155 + 7 = 162
c)	264 + 98 = 362	518 + 35 = 553	672 + 58 = 730
	260 + 90 = 350	510 + 30 = 540	670 + 50 = 720
	4 + 8 = 12	8 + 5 = 13	2 + 8 = 10
	350 + 12 = 362	540 + 13 = 553	720 + 10 = 730

* **2** Addiere und finde das Lösungswort.

167 + 26 = 193 S	731 + 54 = 785 E	206 + 68 = 274 Ü
167 + 20 = 187	731 + 50 = 781	206 + 60 = 266
187 + 6 = 193	781 + 4 = 785	266 + 8 = 274
675 + 51 = 726 T	349 + 83 = 432 L	594 + 49 = 643 N
670 + 50 = 720	340 + 80 = 420	590 + 40 = 630
5 + 1 = 6	9 + 3 = 12	4 + 9 = 13
720 + 6 = 726	420 + 12 = 432	630 + 13 = 643

Rico ist ein Rechen-K Ü N S T L E R.

Ü	N	S	T	L	E
274	643	193	726	432	785

Subtrahieren mit zweistelligen Zahlen

138 – 74 =

1 Subtrahiere wie Rico.

a) 138 – 74 = 64
138 – 70 = 68
68 – 4 = 64

465 – 26 = 439
465 – 20 = 445
445 – 6 = 439

873 – 91 = 782
873 – 90 = 783
783 – 1 = 782

b) 657 – 63 = 594
657 – 60 = 597
597 – 3 = 594

916 – 58 = 858
916 – 50 = 866
866 – 8 = 858

260 – 81 = 179
260 – 80 = 180
180 – 1 = 179

c) 342 – 25 = 317
342 – 20 = 322
322 – 5 = 317

548 – 79 = 469
548 – 70 = 478
478 – 9 = 469

714 – 37 = 677
714 – 30 = 684
684 – 7 = 677

d) 852 – 36 = 816
852 – 30 = 822
822 – 6 = 816

666 – 93 = 573
666 – 90 = 576
576 – 3 = 573

486 – 88 = 398
486 – 80 = 406
406 – 8 = 398

e) 530 – 42 = 488
530 – 40 = 490
490 – 2 = 488

323 – 69 = 254
323 – 60 = 263
263 – 9 = 254

721 – 85 = 636
721 – 80 = 641
641 – 5 = 636

f) 231 – 51 = 180
231 – 50 = 181
181 – 1 = 180

917 – 73 = 844
917 – 70 = 847
847 – 3 = 844

185 – 78 = 107
185 – 70 = 115
115 – 8 = 107

2 Subtrahiere im Kopf.

340 – 70 = 270
410 – 50 = 360
250 – 60 = 190
870 – 90 = 780
625 – 80 = 545
558 – 70 = 488

Subtrahieren mit zweistelligen Zahlen

Achtung:
Bei Minusaufgaben mit Zehnerübergang kann ich die Zehner und die Einer nicht getrennt rechnen.

346 – 28 =
346 – 20 = 326
6 – 8 = ✗

1 Subtrahiere.

a) 346 – 28 = 318
346 – 20 = 326
326 – 8 = 318

614 – 43 = 571
614 – 40 = 574
574 – 3 = 571

272 – 65 = 207
272 – 60 = 212
212 – 5 = 207

b) 705 – 39 = 666
705 – 30 = 675
675 – 9 = 666

193 – 76 = 117
193 – 70 = 123
123 – 6 = 117

523 – 51 = 472
523 – 50 = 473
473 – 1 = 472

2 Subtrahiere. Male die Steine mit den Ergebniszahlen an. Zwei Steine bleiben übrig.

629 – 83 = 546
629 – 80 = 549
549 – 3 = 546

145 – 59 = 86
145 – 50 = 95
95 – 9 = 86

504 – 31 = 473
504 – 30 = 474
474 – 1 = 473

967 – 48 = 919
967 – 40 = 927
927 – 8 = 919

352 – 64 = 288
352 – 60 = 292
292 – 4 = 288

876 – 25 = 851
876 – 20 = 856
856 – 5 = 851

213 – 76 = 137
213 – 70 = 143
143 – 6 = 137

431 – 92 = 339
431 – 90 = 341
341 – 2 = 339

785 – 47 = 738
785 – 40 = 745
745 – 7 = 738

Addieren mit dreistelligen Zahlen

483 + 236 =

1 Addiere wie Rico.

a) 483 + 236 = 719
483 + 200 = 683
683 + 30 = 713
713 + 6 = 719

342 + 195 = 537
342 + 100 = 442
442 + 90 = 532
532 + 5 = 537

514 + 369 = 883
514 + 300 = 814
814 + 60 = 874
874 + 9 = 883

b) 285 + 654 = 939
285 + 600 = 885
885 + 50 = 935
935 + 4 = 939

761 + 182 = 943
761 + 100 = 861
861 + 80 = 941
941 + 2 = 943

196 + 541 = 737
196 + 500 = 696
696 + 40 = 736
736 + 1 = 737

c) 623 + 287 = 910
623 + 200 = 823
823 + 80 = 903
903 + 7 = 910

439 + 291 = 730
439 + 200 = 639
639 + 90 = 729
729 + 1 = 730

377 + 477 = 854
377 + 400 = 777
777 + 70 = 847
847 + 7 = 854

d) 264 + 598 = 862
264 + 500 = 764
764 + 90 = 854
854 + 8 = 862

555 + 379 = 934
555 + 300 = 855
855 + 70 = 925
925 + 9 = 934

132 + 468 = 600
132 + 400 = 532
532 + 60 = 592
592 + 8 = 600

2 Addiere im Kopf.

360 + 400 = 760
570 + 300 = 870
710 + 200 = 910
450 + 100 = 550
230 + 500 = 730

230 + 450 = 680
450 + 340 = 790
520 + 130 = 650
610 + 280 = 890
360 + 610 = 970

180 + 260 = 440
560 + 270 = 830
370 + 350 = 720
190 + 440 = 630
650 + 190 = 840

Addieren mit dreistelligen Zahlen

1 Rechne zuerst mit Hundertern, danach mit Zehnern und zum Schluss mit Einern.

a) 646 + 185 = 831
600 + 100 = 700
40 + 80 = 120
6 + 5 = 11
700 + 120 + 11 = 831

463 + 419 = 882
400 + 400 = 800
60 + 10 = 70
3 + 9 = 12
800 + 70 + 12 = 882

b) 757 + 229 = 986
700 + 200 = 900
50 + 20 = 70
7 + 9 = 16
900 + 70 + 16 = 986

592 + 176 = 768
500 + 100 = 600
90 + 70 = 160
2 + 6 = 8
600 + 160 + 8 = 768

c) 135 + 398 = 533
100 + 300 = 400
30 + 90 = 120
5 + 8 = 13
400 + 120 + 13 = 533

281 + 238 = 519
200 + 200 = 400
80 + 30 = 110
1 + 8 = 9
400 + 110 + 9 = 519

d) 656 + 344 = 1000
600 + 300 = 900
50 + 40 = 90
6 + 4 = 10
900 + 90 + 10 = 1000

518 + 259 = 777
500 + 200 = 700
10 + 50 = 60
8 + 9 = 17
700 + 60 + 17 = 777

2 Addiere im Kopf.

535 + 300 = 835
289 + 400 = 689
152 + 800 = 952
417 + 200 = 617
364 + 500 = 864

617 + 260 = 877
348 + 410 = 758
763 + 120 = 883
235 + 340 = 575
821 + 150 = 971

452 + 135 = 587
264 + 516 = 780
325 + 274 = 599
143 + 323 = 466
538 + 461 = 999

Lösungen (Seite 42 bis 45)

Addieren mit dreistelligen Zahlen

*1 Addiere mit deinem Weg.

a) 367 + 125 = 492	452 + 261 = 713	505 + 392 = 897
367 + 100 = 467	452 + 200 = 652	505 + 300 = 805
467 + 20 = 487	652 + 60 = 712	805 + 90 = 895
487 + 5 = 492	712 + 1 = 713	895 + 2 = 897
b) 663 + 287 = 950	836 + 164 = 1000	126 + 685 = 811
663 + 200 = 863	836 + 100 = 936	126 + 600 = 726
863 + 80 = 943	936 + 60 = 996	726 + 80 = 806
943 + 7 = 950	996 + 4 = 1000	806 + 5 = 811
c) 730 + 186 = 916	191 + 438 = 629	357 + 357 = 714
700 + 100 = 800	100 + 400 = 500	300 + 300 = 600
30 + 80 = 110	90 + 30 = 120	50 + 50 = 100
0 + 6 = 6	1 + 8 = 9	7 + 7 = 14
800 + 110 + 6 = 916	500 + 120 + 9 = 629	600 + 100 + 14 = 714
d) 514 + 189 = 703	602 + 279 = 881	666 + 234 = 900
500 + 100 = 600	600 + 200 = 800	600 + 200 = 800
10 + 80 = 90	0 + 70 = 70	60 + 30 = 90
4 + 9 = 13	2 + 9 = 11	6 + 4 = 10
600 + 90 + 13 = 703	800 + 70 + 11 = 881	800 + 90 + 10 = 900

2 Addiere im Kopf.

256 + 201 = 457	625 + 199 = 824	299 + 199 = 498
427 + 302 = 729	194 + 399 = 593	399 + 499 = 898
381 + 503 = 884	452 + 498 = 950	572 + 306 = 878
863 + 105 = 968	736 + 198 = 934	402 + 499 = 901
535 + 405 = 940	313 + 297 = 610	889 + 111 = 1000

Addieren mit dreistelligen Zahlen

*1 Addiere mit deinem Weg.

a) 486 + 291 = 777	528 + 249 = 777	392 + 385 = 777
486 + 200 = 686	528 + 200 = 728	392 + 300 = 692
686 + 90 = 776	728 + 40 = 768	692 + 80 = 772
776 + 1 = 777	768 + 9 = 777	772 + 5 = 777
b) 294 + 372 = 666	158 + 508 = 666	497 + 169 = 666
294 + 300 = 594	158 + 500 = 658	497 + 100 = 597
594 + 70 = 664	658 + 8 = 666	597 + 60 = 657
664 + 2 = 666		657 + 9 = 666
c) 539 + 349 = 888	196 + 692 = 888	409 + 479 = 888
500 + 300 = 800	100 + 600 = 700	400 + 400 = 800
30 + 40 = 70	90 + 90 = 180	0 + 70 = 70
9 + 9 = 18	6 + 2 = 8	9 + 9 = 18
800 + 70 + 18 = 888	700 + 180 + 8 = 888	800 + 70 + 18 = 888

*2 Wähle zwei Karten aus und addiere die Zahlen. Addiere dann die beiden anderen Zahlen. Zum Schluss addierst du die beiden Ergebnisse.

263 194 237 306

263 + 194 = 457	237 + 306 = 543	457 + 543 = 1000
263 + 100 = 363	237 + 300 = 537	457 + 500 = 957
363 + 90 = 453	537 + 6 = 543	957 + 40 = 997
453 + 4 = 457		997 + 3 = 1000

Subtrahieren mit dreistelligen Zahlen

756 – 571 =

1 Subtrahiere wie Rico.

a) 756 – 571 = 185	617 – 234 = 383	893 – 438 = 455
756 – 500 = 256	617 – 200 = 417	893 – 400 = 493
256 – 70 = 186	417 – 30 = 387	493 – 30 = 463
186 – 1 = 185	387 – 4 = 383	463 – 8 = 455
b) 568 – 356 = 212	427 – 387 = 40	945 – 662 = 283
568 – 300 = 268	427 – 300 = 127	945 – 600 = 345
268 – 50 = 218	127 – 80 = 47	345 – 60 = 285
218 – 6 = 212	47 – 7 = 40	285 – 2 = 283
c) 374 – 195 = 179	516 – 258 = 258	823 – 341 = 482
374 – 100 = 274	516 – 200 = 316	823 – 300 = 523
274 – 90 = 184	316 – 50 = 266	523 – 40 = 483
184 – 5 = 179	266 – 8 = 258	483 – 1 = 482
d) 649 – 284 = 365	781 – 429 = 352	934 – 866 = 68
649 – 200 = 449	781 – 400 = 381	934 – 800 = 134
449 – 80 = 369	381 – 20 = 361	134 – 60 = 74
369 – 4 = 365	361 – 9 = 352	74 – 6 = 68

2 Subtrahiere im Kopf.

650 – 300 = 350	440 – 130 = 310	920 – 350 = 570
810 – 200 = 610	960 – 620 = 340	710 – 380 = 330
580 – 400 = 180	670 – 450 = 220	840 – 160 = 680
740 – 500 = 240	390 – 240 = 150	630 – 570 = 60
360 – 100 = 260	550 – 310 = 240	450 – 290 = 160

Subtrahieren mit dreistelligen Zahlen

Achtung:
Bei Minusaufgaben mit Hunderterübergang kann ich die Hunderter, die Zehner und die Einer nicht getrennt rechnen.

20 – 80 geht nicht! Also rechne ich wie auf Seite 44.

728 – 385 =
700 – 300 = 400
20 – 80 = ✗
8 – 5 =

1 Subtrahiere.

a) 728 – 385 = 343	946 – 174 = 772	605 – 231 = 374
728 – 300 = 428	946 – 100 = 846	605 – 200 = 405
428 – 80 = 348	846 – 70 = 776	405 – 30 = 375
348 – 5 = 343	776 – 4 = 772	375 – 1 = 374
b) 534 – 425 = 109	870 – 642 = 228	496 – 127 = 369
534 – 400 = 134	870 – 600 = 270	496 – 100 = 396
134 – 20 = 114	270 – 40 = 230	396 – 20 = 376
114 – 5 = 109	230 – 2 = 228	376 – 7 = 369
c) 626 – 258 = 368	768 – 599 = 169	951 – 673 = 278
626 – 200 = 426	768 – 500 = 268	951 – 600 = 351
426 – 50 = 376	268 – 90 = 178	351 – 70 = 281
376 – 8 = 368	178 – 9 = 169	281 – 3 = 278
d) 415 – 328 = 87	540 – 284 = 256	837 – 467 = 370
415 – 300 = 115	540 – 200 = 340	837 – 400 = 437
115 – 20 = 95	340 – 80 = 260	437 – 60 = 377
95 – 8 = 87	260 – 4 = 256	377 – 7 = 370

2 Subtrahiere im Kopf.

642 – 400 = 242	474 – 230 = 244	397 – 142 = 255
596 – 100 = 496	863 – 510 = 353	725 – 223 = 502
759 – 500 = 259	988 – 350 = 638	678 – 327 = 351

Subtrahieren mit dreistelligen Zahlen

1 Subtrahiere.

a) 627 − 343 = 284
627 − 300 = 327
327 − 40 = 287
287 − 3 = 284

958 − 175 = 783
958 − 100 = 858
858 − 70 = 788
788 − 5 = 783

806 − 522 = 284
806 − 500 = 306
306 − 20 = 286
286 − 2 = 284

b) 464 − 381 = 83
464 − 300 = 164
164 − 80 = 84
84 − 1 = 83

573 − 219 = 354
573 − 200 = 373
373 − 10 = 363
363 − 9 = 354

735 − 496 = 239
735 − 400 = 335
335 − 90 = 245
245 − 6 = 239

c) 382 − 188 = 194
382 − 100 = 282
282 − 80 = 202
202 − 8 = 194

712 − 677 = 35
712 − 600 = 112
112 − 70 = 42
42 − 7 = 35

650 − 461 = 189
650 − 400 = 250
250 − 60 = 190
190 − 1 = 189

d) 874 − 692 = 182
874 − 600 = 274
274 − 90 = 184
184 − 2 = 182

561 − 149 = 412
561 − 100 = 461
461 − 40 = 421
421 − 9 = 412

426 − 232 = 194
426 − 200 = 226
226 − 30 = 196
196 − 2 = 194

e) 903 − 705 = 198
903 − 700 = 203
203 − 5 = 198

543 − 388 = 155
543 − 300 = 243
243 − 80 = 163
163 − 8 = 155

816 − 279 = 537
816 − 200 = 616
616 − 70 = 546
546 − 9 = 537

2 Subtrahiere im Kopf. Schau dir die Zahlen genau an.

473 − 201 = 272
857 − 505 = 352
325 − 104 = 221
548 − 302 = 246
616 − 403 = 213

760 − 299 = 461
280 − 199 = 81
930 − 699 = 231
600 − 399 = 201
870 − 499 = 371

536 − 399 = 137
483 − 199 = 284
717 − 498 = 219
982 − 898 = 84
821 − 298 = 523

Subtrahieren mit dreistelligen Zahlen

1 Subtrahiere.

a) 326 − 174 = 152
326 − 100 = 226
226 − 70 = 156
156 − 4 = 152

752 − 447 = 305
752 − 400 = 352
352 − 40 = 312
312 − 7 = 305

915 − 381 = 534
915 − 300 = 615
615 − 80 = 535
535 − 1 = 534

b) 408 − 259 = 149
408 − 200 = 208
208 − 50 = 158
158 − 9 = 149

534 − 198 = 336
534 − 100 = 434
434 − 90 = 344
344 − 8 = 336

672 − 203 = 469
672 − 200 = 472
472 − 3 = 469

c) 847 − 462 = 385
847 − 400 = 447
447 − 60 = 387
387 − 2 = 385

490 − 311 = 179
490 − 300 = 190
190 − 10 = 180
180 − 1 = 179

825 − 556 = 269
825 − 500 = 325
325 − 50 = 275
275 − 6 = 269

d) 781 − 295 = 486
781 − 200 = 581
581 − 90 = 491
491 − 5 = 486

976 − 779 = 197
976 − 700 = 276
276 − 70 = 206
206 − 9 = 197

666 − 489 = 177
666 − 400 = 266
266 − 80 = 186
186 − 9 = 177

* **2** Setze die drei Zahlen beliebig in die weißen Felder. Rechne die erste Aufgabe. Setze das Ergebnis ins nächste Feld und rechne die zweite Aufgabe. So machst du es auch mit der dritten Aufgabe.

456 237 307

1000 − 456 = 544 → 544 − 237 = 307 → 307 − 307 = 0

1000 − 400 = 600
600 − 50 = 550
550 − 6 = 544

544 − 200 = 344
344 − 30 = 314
314 − 7 = 307

Schriftlich addieren ohne Übertrag

1 Addiere schriftlich.

a) 341 + 507 = 848; 212 + 221 = 433; 250 + 136 = 386

b) 462 + 323 = 785; 83 + 514 = 597; 151 + 613 = 764; 607 + 281 = 888

c) 174 + 613 = 787; 360 + 502 = 862; 741 + 254 = 995; 242 + 325 = 567

d) 427 + 52 = 479; 303 + 453 = 756; 546 + 132 = 678; 632 + 351 = 983

e) 232 + 323 = 555; 821 + 146 = 967; 174 + 120 = 294; 432 + 413 = 845

Schriftlich addieren ohne Übertrag

1 Schreibe stellengerecht untereinander. Die Farben helfen dir. Addiere schriftlich.

a) 712 + 83 = 795; 554 + 215 = 769; 306 + 692 = 998; 213 + 232 = 445

b) 128 + 531 = 659; 72 + 405 = 477; 630 + 216 = 846; 423 + 164 = 587

2 Schreibe stellengerecht untereinander und addiere schriftlich.

a) 331 + 327 = 658; 873 + 114 = 987; 251 + 45 = 296; 730 + 117 = 847

b) 154 + 315 = 469; 332 + 616 = 948; 506 + 273 = 779; 64 + 321 = 385

c) 356 + 231 = 587; 405 + 410 = 815; 162 + 132 = 294; 241 + 415 = 656

Schriftlich addieren mit Übertrag

	Schritt 1	Schritt 2	Schritt 3
	368	368	368
+	274	274	274
Übertrag	1 (Z)	1 1 (H, Z)	1 1 (H, Z)
Ergebnis	2	42	642

1 Addiere schriftlich. Achte auf den Übertrag.

a)

	461	598	588	259
+	386	179	353	325
Übertrag	1 (H)	1 1 (H, Z)	1 1 (H, Z)	1 (Z)
Ergebnis	847	777	941	584

b)

	386	267	226	192
+	573	535	187	446
Übertrag	1 (H)	1 1 (H, Z)	1 1 (H, Z)	1 (H)
Ergebnis	959	802	413	638

c)

	608	468	339	362
+	254	519	389	94
Übertrag	1 (Z)	1 (Z)	1 1 (H, Z)	1 (H)
Ergebnis	862	987	728	456

d)

	439	167	474	443
+	231	668	526	471
Übertrag	1 (Z)	1 1 (H, Z)	1 1 1 (T, H, Z)	1 (H)
Ergebnis	670	835	1000	914

Schriftlich addieren mit Übertrag

1 Schreibe stellengerecht untereinander und addiere schriftlich. Achte auf den Übertrag. Male die Blumen mit den Ergebniszahlen bunt an. Zwei Blumen bleiben übrig.

a)

	753 + 175	365 + 526	217 + 347	199 + 636
	753	365	217	199
+	175	526	347	636
Übertrag	1 (H)	1 (Z)	1 (Z)	1 1 (H, Z)
Ergebnis	928	891	564	835

b)

	281 + 540	386 + 187	294 + 458	369 + 274
	281	386	294	369
+	540	187	458	274
Übertrag	1 (H)	1 1 (H, Z)	1 1 (H, Z)	1 1 (H, Z)
Ergebnis	821	573	752	643

c)

	364 + 438	535 + 119	49 + 777	257 + 658
	364	535	49	257
+	438	119	777	658
Übertrag	1 1 (H, Z)	1 (Z)	1 1 (H, Z)	1 1 (H, Z)
Ergebnis	802	654	826	915

d)

	226 + 390	463 + 457	685 + 171	718 + 69
	226	463	685	718
+	390	457	171	69
Übertrag	1 (H)	1 1 (H, Z)	1 (H)	1 (Z)
Ergebnis	616	920	856	787

Schriftlich addieren – Kontrolle mit Überschlag

Zum Zehner gerundet:	Zum Hunderter gerundet:
548 ≈ 550	548 ≈ 500
175 ≈ 180	175 ≈ 200
Ü: 550 + 180 = 730	Ü: 500 + 200 = 700
548 + 175, Übertrag 1 1 (H, Z) = 723	548 + 175, Übertrag 1 1 (H, Z) = 723

* **1** Rechne einen Überschlag (Ü). Addiere dann schriftlich und vergleiche dein Ergebnis mit dem Überschlag.

a)

Ü:	330 + 670 = 1000	190 + 460 = 650	780 + 140 = 920
	326	192	784
+	665	463	137
Übertrag	1 (Z)	1 (H)	1 1 (H, Z)
Ergebnis	991	655	921

b)

Ü:	590 + 130 = 720	640 + 80 = 720	470 + 360 = 830
	587	639	469
+	126	81	358
Übertrag	1 1 (H, Z)	1 1 (H, Z)	1 1 (H, Z)
Ergebnis	713	720	827

c)

Ü:	200 + 400 = 600	380 + 500 = 880	150 + 680 = 830
	203	378	154
+	398	497	682
Übertrag	1 1 (H, Z)	1 1 (H, Z)	1 (H)
Ergebnis	601	875	836

d)

Ü:	350 + 200 = 550	430 + 260 = 690	570 + 250 = 820
	348	426	571
+	199	256	247
Übertrag	1 1 (H, Z)	1 (Z)	1 (H)
Ergebnis	547	682	818

* Beispiellösung bei den Überschlägen

Schriftlich addieren – Kontrolle mit Überschlag

* **1** Immer eine Rechnung ist falsch. Kontrolliere mit einem Überschlag (Ü) und kreuze die falsche Rechnung an. Schreibe sie in das freie Rechenfeld und addiere schriftlich. Achte auf den Übertrag.

	Rechnung 1	Rechnung 2	Rechenfeld
a)	(X) 159 + 596 = 645 Ü: 160 + 600 = 760	( ) 228 + 417 = 645 Ü: 230 + 420 = 650	159 + 596, Übertrag 1 1 (H, Z) = 755
b)	( ) 94 + 438 = 532 Ü: 90 + 440 = 530	(X) 333 + 269 = 532 Ü: 330 + 270 = 600	333 + 269, Übertrag 1 1 (H, Z) = 602
c)	( ) 375 + 296 = 671 Ü: 380 + 300 = 680	(X) 537 + 184 = 671 Ü: 540 + 180 = 720	537 + 184, Übertrag 1 1 (H, Z) = 721
d)	(X) 392 + 413 = 905 Ü: 390 + 410 = 800	( ) 407 + 498 = 905 Ü: 410 + 500 = 910	392 + 413, Übertrag 1 (H) = 805
e)	( ) 147 + 579 = 726 Ü: 150 + 580 = 730	(X) 179 + 647 = 726 Ü: 180 + 650 = 830	179 + 647, Übertrag 1 1 (H, Z) = 826
f)	(X) 562 + 392 = 854 Ü: 560 + 390 = 950	( ) 671 + 183 = 854 Ü: 670 + 180 = 850	562 + 392, Übertrag 1 (H) = 954

* Beispiellösung bei den Überschlägen

Schriftlich subtrahieren ohne Übertrag

1 Subtrahiere.

a) 687 − 356 = 331; 875 − 603 = 272; 967 − 142 = 825

b) 937 − 524 = 413; 695 − 242 = 453; 789 − 528 = 261; 856 − 135 = 721

c) 695 − 551 = 144; 929 − 723 = 206; 874 − 562 = 312; 748 − 215 = 533

d) 952 − 332 = 620; 648 − 513 = 135; 593 − 72 = 521; 866 − 523 = 343

Schriftlich subtrahieren ohne Übertrag

1 Schreibe stellengerecht untereinander. Die Farben helfen dir. Subtrahiere schriftlich.

a) 795 − 83 = 712; 969 − 533 = 436; 685 − 424 = 261; 888 − 315 = 573

b) 977 − 320 = 657; 656 − 216 = 440; 539 − 424 = 115; 495 − 171 = 324

2 Schreibe stellengerecht untereinander und subtrahiere schriftlich.

a) 815 − 203 = 612; 378 − 124 = 254; 892 − 61 = 831; 777 − 332 = 445

b) 546 − 146 = 400; 697 − 142 = 555; 958 − 715 = 243; 748 − 436 = 312

Schriftlich subtrahieren mit Übertrag

Ergänzen: 764 − 278 (Übertrag 1 1) = 486

Entbündeln: 7̸ 6̸ 4̸ (6 15 14) − 278 = 486

* **1** Subtrahiere schriftlich mit deinem Weg.

a) 461 − 326 = 135; 758 − 179 = 579; 837 − 551 = 286; 519 − 354 = 165

b) 926 − 477 = 449; 660 − 285 = 375; 543 − 416 = 127; 726 − 183 = 543

c) 625 − 254 = 371; 832 − 539 = 293; 444 − 256 = 188; 961 − 525 = 436

d) 780 − 289 = 491; 931 − 389 = 542; 538 − 273 = 265; 613 − 186 = 427

* Der Übertrag bei der Subtraktion fehlt, weil je nach Rechenverfahren unterschiedlich einzutragen ist.

Schriftlich subtrahieren mit Übertrag

* **1** Schreibe stellengerecht untereinander und subtrahiere schriftlich mit deinem Weg. Male die Felder mit den Ergebniszahlen passend an.

a) 753 − 175 = 578; 526 − 365 = 161; 636 − 287 = 349; 942 − 518 = 424

b) 540 − 251 = 289; 717 − 69 = 648; 801 − 705 = 96; 639 − 136 = 503

c) 934 − 367 = 567; 605 − 119 = 486; 549 − 277 = 272; 722 − 372 = 350

d) 822 − 395 = 427; 746 − 483 = 263; 985 − 178 = 807; 458 − 294 = 164

263	742	567	578	350	247	164
503	349	289	345	96	424	648
807	614	486	161	272	581	427

* Der Übertrag bei der Subtraktion fehlt, weil je nach Rechenverfahren unterschiedlich einzutragen ist.

Schriftlich subtrahieren – Kontrolle mit Überschlag

Zum Zehner gerundet:
847 ≈ 850
175 ≈ 180
Ü: 850 – 180 = 670
847 − 175 = 672

Zum Hunderter gerundet:
847 ≈ 800
175 ≈ 200
Ü: 800 – 200 = 600
847 − 175 = 672

*/** **1** Rechne einen Überschlag (Ü). Subtrahiere dann schriftlich und vergleiche dein Ergebnis mit dem Überschlag.

a) Ü: 930 − 570 = 360 — 926 − 568 = 358
Ü: 750 − 480 = 270 — 752 − 483 = 269
Ü: 880 − 140 = 740 — 884 − 137 = 747

b) Ü: 520 − 370 = 150 — 517 − 372 = 145
Ü: 640 − 200 = 440 — 639 − 195 = 444
Ü: 940 − 760 = 180 — 941 − 759 = 182

c) Ü: 800 − 400 = 400 — 803 − 398 = 405
Ü: 930 − 500 = 430 — 928 − 497 = 431
Ü: 750 − 180 = 570 — 752 − 184 = 568

Schriftlich subtrahieren – Kontrolle mit Überschlag

*/** **1** Immer eine Rechnung ist falsch. Kontrolliere mit einem Überschlag (Ü) und kreuze die falsche Rechnung an. Schreibe sie in das freie Rechenfeld und subtrahiere schriftlich mit deinem Weg.

a) (X) 832 − 576 = 365 — Ü: 830 − 580 = 250
( ) 617 − 252 = 365 — Ü: 620 − 250 = 370
832 − 576 = 256

b) ( ) 992 − 437 = 555 — Ü: 990 − 440 = 550
(X) 714 − 269 = 555 — Ü: 710 − 270 = 440
714 − 269 = 445

c) (X) 608 − 345 = 363 — Ü: 610 − 350 = 260
( ) 527 − 164 = 363 — Ü: 530 − 160 = 370
608 − 345 = 263

d) (X) 767 − 282 = 425 — Ü: 770 − 280 = 490
( ) 943 − 518 = 425 — Ü: 940 − 520 = 420
767 − 282 = 485

e) ( ) 912 − 283 = 629 — Ü: 910 − 280 = 630
(X) 805 − 276 = 629 — Ü: 810 − 280 = 530
805 − 276 = 529

Schriftlich rechnen – Umkehraufgabe

Ergänzen: 934 − 278 = 656

Entbündeln: 9 3 4 (entbündelt: 8 13 14) − 278 = 656

656 + 278 = 934 ✓

* **1** Subtrahiere schriftlich mit deinem Weg. Rechne die Umkehraufgabe zur Kontrolle. Beginne die Umkehraufgabe mit dem Ergebnis deiner Rechnung (gelbes Feld).

a) 396 − 175 = 221 — 221 + 175 = 396
b) 753 − 521 = 232 — 232 + 521 = 753
c) 674 − 293 = 381 — 381 + 293 = 674
d) 902 − 888 = 14 — 14 + 888 = 902

* **2** Subtrahiere schriftlich mit deinem Weg. Rechne die Umkehraufgabe zur Kontrolle.

a) 461 − 209 = 252 — 252 + 209 = 461
b) 845 − 347 = 498 — 498 + 347 = 845
c) 927 − 354 = 573 — 573 + 354 = 927
d) 582 − 216 = 366 — 366 + 216 = 582

Schriftlich rechnen – Umkehraufgabe

165 + 297 = 462

Ergänzen: 462 − 297 = 165 ✓

Entbündeln: 4 6 2 (entbündelt: 3 15 12) − 297 = 165 ✓

* **1** Addiere schriftlich. Rechne zur Kontrolle die Umkehraufgabe mit deinem Weg. Beginne die Umkehraufgabe mit dem Ergebnis deiner Rechnung (gelbes Feld).

a) 418 + 350 = 768 — 768 − 350 = 418
b) 556 + 129 = 685 — 685 − 129 = 556
c) 389 + 503 = 892 — 892 − 503 = 389
d) 625 + 277 = 902 — 902 − 277 = 625

* **2** Addiere schriftlich. Rechne die Umkehraufgabe zur Kontrolle.

a) 613 + 348 = 961 — 961 − 348 = 613
b) 197 + 746 = 943 — 943 − 746 = 197
c) 543 + 285 = 828 — 828 − 285 = 543
d) 274 + 439 = 713 — 713 − 439 = 274

Schriftlich rechnen üben

* **1** Finde mit den Zahlen fünf verschiedene Additionsaufgaben und addiere.

a) 135 | 340 | 213 | 452 | 321 | 504

135 + 213 = 348
213 + 452 = 665
452 + 321 = 773
321 + 504 = 825
504 + 135 = 639

b) 358 | 274 | 467 | 423 | 539 | 149

358 + 274 = 632
274 + 467 = 741
467 + 539 = 1006
539 + 149 = 688
149 + 358 = 507

c) 581 | 346 | 264 | 147 | 275 | 498

581 + 346 = 927
346 + 147 = 493
147 + 275 = 422
275 + 498 = 773
498 + 581 = 1079

2 Welche Ziffern fehlen? Ergänze. Achte auf die Überträge.

a)
143 + 255 = 398
406 + 173 = 579
281 + 514 = 795
524 + 333 = 857

b)
385 + 267 = 652
718 + 123 = 841
666 + 207 = 873
92 + 858 = 950

Schriftlich rechnen üben

* **1** Finde mit den Zahlen fünf verschiedene Subtraktionsaufgaben und subtrahiere mit deinem Weg.

Die größere Zahl muss oben stehen!

a) 854 | 987 | 713 | 240 | 432 | 521

854 − 713 = 141
713 − 240 = 473
432 − 240 = 192
521 − 432 = 89
854 − 521 = 333

b) 758 | 271 | 439 | 363 | 592 | 184

758 − 271 = 487
271 − 184 = 87
439 − 271 = 168
592 − 184 = 408
758 − 439 = 319

c) 375 | 749 | 918 | 492 | 206 | 684

749 − 375 = 374
749 − 492 = 257
492 − 206 = 286
684 − 375 = 309
375 − 206 = 169

2 Welche Ziffern fehlen? Ergänze. Achte auf die Überträge.

837 − 363 = 474
541 − 333 = 208
915 − 284 = 631
656 − 275 = 381

* Der Übertrag bei der Subtraktion fehlt, weil je nach Rechenverfahren, unterschiedlich einzutragen ist.

Schriftlich rechnen üben

* **1** Addiere und subtrahiere mit deinem Weg. Ordne die Ergebniszahlen nach der Größe. Beginne mit dem kleinsten Ergebnis. Schreibe die Lösungswörter auf und male sie unten ins Bild.

a)
274 + 183 = 457 U
895 − 823 = 72 M
309 + 547 = 856 S
931 − 765 = 166 A

72 < 166 < 457 < 856 Lösungswort: MAUS

b)
582 − 256 = 326 G
617 + 89 = 706 L
193 + 135 = 328 E
628 − 541 = 87 I

87 < 326 < 328 < 706 Lösungswort: IGEL

c)
923 − 470 = 453 P
861 − 652 = 209 A
714 + 286 = 1000 E
685 + 308 = 993 F

209 < 453 < 993 < 1000 Lösungswort: APFEL

* Der Übertrag bei der Subtraktion fehlt, weil je nach Rechenverfahren, unterschiedlich einzutragen ist.

1 Addiere. Beachte Einer, Zehner und Hunderter.

a) 25 + 3 = ☐	49 + 4 = ☐	33 + 6 = ☐
25 + 30 = ☐	49 + 40 = ☐	33 + 60 = ☐
25 + 300 = ☐	49 + 400 = ☐	33 + 600 = ☐
b) 16 + 5 = ☐	54 + 3 = ☐	68 + 1 = ☐
16 + 50 = ☐	54 + 30 = ☐	68 + 10 = ☐
16 + 500 = ☐	54 + 300 = ☐	68 + 100 = ☐

2 Ergänze.

a) 38 + ☐ = 40	21 + ☐ = 28	47 + ☐ = 52
38 + ☐ = 58	21 + ☐ = 91	47 + ☐ = 97
38 + ☐ = 238	21 + ☐ = 721	47 + ☐ = 547
b) ☐ + 4 = 59	☐ + 3 = 38	☐ + 6 = 34
☐ + 40 = 95	☐ + 30 = 65	☐ + 60 = 88
☐ + 400 = 455	☐ + 300 = 335	☐ + 600 = 628

3 Finde zu jeder Aufgabenreihe zwei weitere Aufgaben.

a) 65 + 110 = ☐	230 + 160 = ☐	710 + 250 = ☐
65 + 210 = ☐	230 + 140 = ☐	710 + 200 = ☐
65 + 310 = ☐	230 + 120 = ☐	710 + 150 = ☐
65 + 410 = ______	______	______
65 + 510 = ______	______	______
b) 94 + 105 = ☐	460 + 240 = ☐	40 + 6 = ☐
84 + 105 = ☐	360 + 340 = ☐	140 + 26 = ☐
74 + 105 = ☐	260 + 440 = ☐	240 + 46 = ☐
______	______	______
______	______	______

1 Subtrahiere. Beachte Einer, Zehner und Hunderter.

a)

8 − 5 = ____	3 − 1 = ____	6 − 5 = ____
80 − 50 = ____	30 − 10 = ____	60 − 50 = ____
800 − 500 = ____	300 − 100 = ____	600 − 500 = ____

b)

7 − 2 = ____	9 − 3 = ____	5 − 3 = ____
70 − 20 = ____	90 − 30 = ____	50 − 30 = ____
700 − 200 = ____	900 − 300 = ____	500 − 300 = ____

2 Ergänze.

a)

4 − ____ = 2	7 − ____ = 1	8 − ____ = 4
40 − ____ = 20	70 − ____ = 10	80 − ____ = 40
400 − ____ = 200	700 − ____ = 100	800 − ____ = 400

b)

____ − 2 = 4	____ − 3 = 2	____ − 7 = 2
____ − 20 = 40	____ − 30 = 20	____ − 70 = 20
____ − 200 = 400	____ − 300 = 200	____ − 700 = 200

3 Subtrahiere.

180 − 100 = ____	600 − 50 = ____	960 − 100 = ____
280 − 100 = ____	600 − 150 = ____	960 − 200 = ____
380 − 100 = ____	600 − 250 = ____	960 − 400 = ____
480 − 100 = ____	600 − 350 = ____	960 − 800 = ____

4 Subtrahiere.

750 − 130 = ____	860 − 250 = ____	470 − 120 = ____
750 − 230 = ____	760 − 250 = ____	470 − 130 = ____
750 − 430 = ____	560 − 250 = ____	470 − 150 = ____
750 − 730 = ____	360 − 250 = ____	470 − 170 = ____

Subtrahieren mit Einern, Zehnern und Hundertern

1 Subtrahiere. Beachte Einer, Zehner und Hunderter.

a)

575 − 3 = ☐
575 − 30 = ☐
575 − 300 = ☐

851 − 4 = ☐
851 − 40 = ☐
851 − 400 = ☐

370 − 2 = ☐
370 − 20 = ☐
370 − 200 = ☐

b)

982 − 7 = ☐
982 − 70 = ☐
982 − 700 = ☐

693 − 6 = ☐
693 − 60 = ☐
693 − 600 = ☐

774 − 5 = ☐
774 − 50 = ☐
774 − 500 = ☐

2 Ergänze.

a)

420 − ☐ = 419
420 − ☐ = 410
420 − ☐ = 320

984 − ☐ = 976
984 − ☐ = 904
984 − ☐ = 184

862 − ☐ = 859
862 − ☐ = 832
862 − ☐ = 562

b)

☐ − 5 = 678
☐ − 50 = 633
☐ − 500 = 183

☐ − 4 = 448
☐ − 40 = 412
☐ − 400 = 52

☐ − 7 = 888
☐ − 70 = 825
☐ − 700 = 195

3 Finde zu jeder Aufgabenreihe zwei weitere Aufgaben.

a)

756 − 120 = ☐
756 − 220 = ☐
756 − 320 = ☐
756 − 420 = ______
756 − 520 = ______

670 − 240 = ☐
670 − 340 = ☐
670 − 440 = ☐
______
______

590 − 550 = ☐
590 − 500 = ☐
590 − 450 = ☐
______
______

b)

938 − 208 = ☐
838 − 208 = ☐
738 − 208 = ☐
______
______

580 − 440 = ☐
680 − 340 = ☐
780 − 240 = ☐
______
______

95 − 3 = ☐
195 − 13 = ☐
295 − 23 = ☐
______
______

165 + 51 =

Ich rechne in zwei Schritten:
Zuerst + 50, dann + 1.
Ich beachte den Hunderter- und den Zehnerübergang.

1 Addiere wie Rico.

a) 165 + 51 = ☐ 416 + 64 = ☐ 772 + 43 = ☐

165 + 50 = 215
215 + 1 =

b) 252 + 47 = ☐ 585 + 62 = ☐ 393 + 25 = ☐

c) 847 + 96 = ☐ 679 + 59 = ☐ 913 + 87 = ☐

2 Rechne zuerst mit den Zehnern, dann mit den Einern.

a) 366 + 58 = ☐ 874 + 37 = ☐ 285 + 49 = ☐

360 + 50 = 410
6 + 8 = 14
410 + 14 =

b) 537 + 85 = ☐ 158 + 77 = ☐ 676 + 66 = ☐

3 Addiere im Kopf.

240 + 80 = ☐ 190 + 70 = ☐ 555 + 90 = ☐

490 + 40 = ☐ 880 + 60 = ☐ 378 + 50 = ☐

1 Addiere mit deinem Weg.

a) 323 + 49 = ☐ 451 + 56 = ☐ 786 + 65 = ☐

b) 638 + 73 = ☐ 837 + 82 = ☐ 145 + 17 = ☐

c) 264 + 98 = ☐ 518 + 35 = ☐ 672 + 58 = ☐

2 Addiere und finde das Lösungswort.

167 + 26 = ☐ S 731 + 54 = ☐ E 206 + 68 = ☐ Ü

675 + 51 = ☐ T 349 + 83 = ☐ L 594 + 49 = ☐ N

Rico ist ein Rechen-K ☐☐☐☐☐☐ R.

274	643	193	726	432	785

Subtrahieren mit zweistelligen Zahlen

138 – 74 =

Ich rechne in zwei Schritten:
Zuerst – 70, dann – 4.
Ich beachte den Hunderter- und den Zehnerübergang.

1 Subtrahiere wie Rico.

a)	138 – 74 = ☐ 138 – 70 = 68 68 – 4 =	465 – 26 = ☐	873 – 91 = ☐
b)	657 – 63 = ☐	916 – 58 = ☐	260 – 81 = ☐
c)	342 – 25 = ☐	548 – 79 = ☐	714 – 37 = ☐
d)	852 – 36 = ☐	666 – 93 = ☐	486 – 88 = ☐
e)	530 – 42 = ☐	323 – 69 = ☐	721 – 85 = ☐
f)	231 – 51 = ☐	917 – 73 = ☐	185 – 78 = ☐

2 Subtrahiere im Kopf.

340 – 70 = ☐	250 – 60 = ☐	625 – 80 = ☐
410 – 50 = ☐	870 – 90 = ☐	558 – 70 = ☐

Achtung:
Bei Minusaufgaben mit Zehnerübergang kann ich die Zehner und die Einer nicht getrennt rechnen.

346 – 28 = ☐

346 – 20 = 326

6 – 8 = ✗

1 Subtrahiere.

a) 346 – 28 = ☐   346 – 20 = 326   326 – 8 =

614 – 43 = ☐

272 – 65 = ☐

b) 705 – 39 = ☐

193 – 76 = ☐

523 – 51 = ☐

2 Subtrahiere. Male die Steine mit den Ergebniszahlen an. Zwei Steine bleiben übrig.

629 – 83 = ☐

145 – 59 = ☐

504 – 31 = ☐

967 – 48 = ☐

352 – 64 = ☐

876 – 25 = ☐

213 – 76 = ☐

431 – 92 = ☐

785 – 47 = ☐

483 + 236 =

Ich rechne in drei Schritten:
Zuerst + 200, dann + 30,
dann + 6.
Ich beachte den Hunderter-
und den Zehnerübergang.

1 Addiere wie Rico.

a) 483 + 236 = ☐ | 342 + 195 = ☐ | 514 + 369 = ☐

483 + 200 = 683
683 + 30 = 713
713 + 6 =

b) 285 + 654 = ☐ | 761 + 182 = ☐ | 196 + 541 = ☐

c) 623 + 287 = ☐ | 439 + 291 = ☐ | 377 + 477 = ☐

d) 264 + 598 = ☐ | 555 + 379 = ☐ | 132 + 468 = ☐

2 Addiere im Kopf.

360 + 400 = ☐	230 + 450 = ☐	180 + 260 = ☐
570 + 300 = ☐	450 + 340 = ☐	560 + 270 = ☐
710 + 200 = ☐	520 + 130 = ☐	370 + 350 = ☐
450 + 100 = ☐	610 + 280 = ☐	190 + 440 = ☐
230 + 500 = ☐	360 + 610 = ☐	650 + 190 = ☐

Addieren mit dreistelligen Zahlen

1 Rechne zuerst mit Hundertern, danach mit Zehnern und zum Schluss mit Einern.

a) 646 + 185 = ☐

600 + 100 = 700

40 + 80 = 120

6 + 5 = 11

700 + 120 + 11 =

463 + 419 = ☐

b) 757 + 229 = ☐

592 + 176 = ☐

c) 135 + 398 = ☐

281 + 238 = ☐

d) 656 + 344 = ☐

518 + 259 = ☐

2 Addiere im Kopf.

535 + 300 = ☐	617 + 260 = ☐	452 + 135 = ☐
289 + 400 = ☐	348 + 410 = ☐	264 + 516 = ☐
152 + 800 = ☐	763 + 120 = ☐	325 + 274 = ☐
417 + 200 = ☐	235 + 340 = ☐	143 + 323 = ☐
364 + 500 = ☐	821 + 150 = ☐	538 + 461 = ☐

1 Addiere mit deinem Weg.

a) 367 + 125 = ☐ 452 + 261 = ☐ 505 + 392 = ☐

b) 663 + 287 = ☐ 836 + 164 = ☐ 126 + 685 = ☐

c) 730 + 186 = ☐ 191 + 438 = ☐ 357 + 357 = ☐

d) 514 + 189 = ☐ 602 + 279 = ☐ 666 + 234 = ☐

2 Addiere im Kopf.

Bei + 199 rechne ich + 200 und dann – 1.

256 + 201 = ☐	625 + 199 = ☐	299 + 199 = ☐
427 + 302 = ☐	194 + 399 = ☐	399 + 499 = ☐
381 + 503 = ☐	452 + 498 = ☐	572 + 306 = ☐
863 + 105 = ☐	736 + 198 = ☐	402 + 499 = ☐
535 + 405 = ☐	313 + 297 = ☐	889 + 111 = ☐

Addieren mit dreistelligen Zahlen

1 Addiere mit deinem Weg.

a) 486 + 291 = ☐ 528 + 249 = ☐ 392 + 385 = ☐

b) 294 + 372 = ☐ 158 + 508 = ☐ 497 + 169 = ☐

c) 539 + 349 = ☐ 196 + 692 = ☐ 409 + 479 = ☐

2 Wähle zwei Karten aus und addiere die Zahlen. Addiere dann die beiden anderen Zahlen. Zum Schluss addierst du die beiden Ergebnisse.

263 194 237 306

☐ + ☐ = ☐ ☐ + ☐ = ☐ ☐ + ☐ = ☐

756 – 571 =

1 Subtrahiere wie Rico.

a) 756 – 571 = ☐
756 – 500 = 256
256 – 70 = 186
186 – 1 =

617 – 234 = ☐

893 – 438 = ☐

b) 568 – 356 = ☐

427 – 387 = ☐

945 – 662 = ☐

c) 374 – 195 = ☐

516 – 258 = ☐

823 – 341 = ☐

d) 649 – 284 = ☐

781 – 429 = ☐

934 – 866 = ☐

2 Subtrahiere im Kopf.

650 – 300 = ☐	440 – 130 = ☐	920 – 350 = ☐
810 – 200 = ☐	960 – 620 = ☐	710 – 380 = ☐
580 – 400 = ☐	670 – 450 = ☐	840 – 160 = ☐
740 – 500 = ☐	390 – 240 = ☐	630 – 570 = ☐
360 – 100 = ☐	550 – 310 = ☐	450 – 290 = ☐

Achtung:
Bei Minusaufgaben mit Hunderterübergang kann ich die Hunderter, die Zehner und die Einer nicht getrennt rechnen.

728 – 385 = ☐
700 – 300 = 400
20 – 80 = ✗
8 – 5 =

1 Subtrahiere.

a) 728 – 385 = ☐
728 – 300 = 428
428 – 80 = 348
348 – 5 =

946 – 174 = ☐

605 – 231 = ☐

b) 534 – 425 = ☐

870 – 642 = ☐

496 – 127 = ☐

c) 626 – 258 = ☐

768 – 599 = ☐

951 – 673 = ☐

d) 415 – 328 = ☐

540 – 284 = ☐

837 – 467 = ☐

2 Subtrahiere im Kopf.

642 – 400 = ☐
596 – 100 = ☐
759 – 500 = ☐

474 – 230 = ☐
863 – 510 = ☐
988 – 350 = ☐

397 – 142 = ☐
725 – 223 = ☐
678 – 327 = ☐

1 Subtrahiere.

a) 627 – 343 = ☐   958 – 175 = ☐   806 – 522 = ☐

627 – 300 = 327
327 – 40 = 287
287 – 3 =

b) 464 – 381 = ☐   573 – 219 = ☐   735 – 496 = ☐

c) 382 – 188 = ☐   712 – 677 = ☐   650 – 461 = ☐

d) 874 – 692 = ☐   561 – 149 = ☐   426 – 232 = ☐

e) 903 – 705 = ☐   543 – 388 = ☐   816 – 279 = ☐

2 Subtrahiere im Kopf. Schau dir die Zahlen genau an.

473 – 201 = ☐	760 – 299 = ☐	536 – 399 = ☐
857 – 505 = ☐	280 – 199 = ☐	483 – 199 = ☐
325 – 104 = ☐	930 – 699 = ☐	717 – 498 = ☐
548 – 302 = ☐	600 – 399 = ☐	982 – 898 = ☐
616 – 403 = ☐	870 – 499 = ☐	821 – 298 = ☐

1 Subtrahiere.

a) 326 – 174 = ___ 752 – 447 = ___ 915 – 381 = ___

b) 408 – 259 = ___ 534 – 198 = ___ 672 – 203 = ___

c) 847 – 462 = ___ 490 – 311 = ___ 825 – 556 = ___

d) 781 – 295 = ___ 976 – 779 = ___ 666 – 489 = ___

2 Setze die drei Zahlen beliebig in die weißen Felder. Rechne die erste Aufgabe.
Setze das Ergebnis ins nächste Feld und rechne die zweite Aufgabe.
So machst du es auch mit der dritten Aufgabe.

456 237 307

1 000 – ___ = ___ ___ – ___ = ___ ___ – ___ = ___

1 Addiere schriftlich.

Addiere zuerst die Einer (E), danach die Zehner (Z) und dann die Hunderter (H).

a)

	H	Z	E
	3	4	1
+	5	0	7
	8	4	8

	H	Z	E
	2	1	2
+	2	2	1

	H	Z	E
	2	5	0
+	1	3	6

b)

	H	Z	E
	4	6	2
+	3	2	3

	H	Z	E
		8	3
+	5	1	4

	H	Z	E
	1	5	1
+	6	1	3

	H	Z	E
	6	0	7
+	2	8	1

c)

	H	Z	E
	1	7	4
+	6	1	3

	H	Z	E
	3	6	0
+	5	0	2

	H	Z	E
	7	4	1
+	2	5	4

	H	Z	E
	2	4	2
+	3	2	5

d)

	H	Z	E
	4	2	7
+		5	2

	H	Z	E
	3	0	3
+	4	5	3

	H	Z	E
	5	4	6
+	1	3	2

	H	Z	E
	6	3	2
+	3	5	1

e)

	H	Z	E
	2	3	2
+	3	2	3

	H	Z	E
	8	2	1
+	1	4	6

	H	Z	E
	1	7	4
+	1	2	0

	H	Z	E
	4	3	2
+	4	1	3

1 Schreibe stellengerecht untereinander. Die Farben helfen dir. Addiere schriftlich.

a) 712 + 83

	H	Z	E
	7	1	2
+		8	3

554 + 215

	H	Z	E
+			

306 + 692

	H	Z	E
+			

213 + 232

	H	Z	E
+			

b) 128 + 531

	H	Z	E
+			

72 + 405

	H	Z	E
+			

630 + 216

	H	Z	E
+			

423 + 164

	H	Z	E
+			

2 Schreibe stellengerecht untereinander und addiere schriftlich.

a) 331 + 327

	H	Z	E
+			

873 + 114

	H	Z	E
+			

251 + 45

	H	Z	E
+			

730 + 117

	H	Z	E
+			

b) 154 + 315

	H	Z	E
+			

332 + 616

	H	Z	E
+			

506 + 273

	H	Z	E
+			

64 + 321

	H	Z	E
+			

c) 356 + 231

	H	Z	E
+			

405 + 410

	H	Z	E
+			

162 + 132

	H	Z	E
+			

241 + 415

	H	Z	E
+			

	H	Z	E
	3	6	8
+	2	7	4
		1	
			2

	H	Z	E
	3	6	8
+	2	7	4
	1	1	
		4	2

	H	Z	E
	3	6	8
+	2	7	4
	1	1	
	6	4	2

1 Addiere schriftlich. Achte auf den Übertrag.

a)

	H	Z	E
	4	6	1
+	3	8	6

	H	Z	E
	5	9	8
+	1	7	9

	H	Z	E
	5	8	8
+	3	5	3

	H	Z	E
	2	5	9
+	3	2	5

b)

	H	Z	E
	3	8	6
+	5	7	3

	H	Z	E
	2	6	7
+	5	3	5

	H	Z	E
	2	2	6
+	1	8	7

	H	Z	E
	1	9	2
+	4	4	6

c)

	H	Z	E
	6	0	8
+	2	5	4

	H	Z	E
	4	6	8
+	5	1	9

	H	Z	E
	3	3	9
+	3	8	9

	H	Z	E
	3	6	2
+		9	4

d)

	H	Z	E
	4	3	9
+	2	3	1

	H	Z	E
	1	6	7
+	6	6	8

	H	Z	E
	4	7	4
+	5	2	6

	H	Z	E
	4	4	3
+	4	7	1

1 Schreibe stellengerecht untereinander und addiere schriftlich.
Achte auf den Übertrag. Male die Blumen mit den Ergebniszahlen bunt an.
Zwei Blumen bleiben übrig.

a) 753 + 175

	H	Z	E
	7	5	3
+	1	7	5

365 + 526

217 + 347

199 + 636

b) 281 + 540

386 + 187

294 + 458

369 + 274

c) 364 + 438

535 + 119

49 + 777

257 + 658

d) 226 + 390

463 + 457

685 + 171

718 + 69

616 928 787 654 856 915 643 920 821 874 564 752 835 826 768 802 573 891

Zum Zehner gerundet:
548 ≈ 550
175 ≈ 180

Ü: 550 + 180 = 730

	5	4	8
+	1	7	5
	1	1	
	7	2	3

Zum Hunderter gerundet:
548 ≈ 500
175 ≈ 200

Ü: 500 + 200 = 700

	5	4	8
+	1	7	5
	1	1	
	7	2	3

1 Rechne einen Überschlag (Ü). Addiere dann schriftlich und vergleiche dein Ergebnis mit dem Überschlag.

a) Ü: ______

	3	2	6
+	6	6	5

Ü: ______

	1	9	2
+	4	6	3

Ü: ______

	7	8	4
+	1	3	7

b) Ü: ______

	5	8	7
+	1	2	6

Ü: ______

	6	3	9
+		8	1

Ü: ______

	4	6	9
+	3	5	8

c) Ü: ______

	2	0	3
+	3	9	8

Ü: ______

	3	7	8
+	4	9	7

Ü: ______

	1	5	4
+	6	8	2

d) Ü: ______

	3	4	8
+	1	9	9

Ü: ______

	4	2	6
+	2	5	6

Ü: ______

	5	7	1
+	2	4	7

Schriftlich addieren – Kontrolle mit Überschlag

1 Immer eine Rechnung ist falsch. Kontrolliere mit einem Überschlag (Ü) und kreuze die falsche Rechnung an. Schreibe sie in das freie Rechenfeld und addiere schriftlich. Achte auf den Übertrag.

a)
◯ 159 + 596 = 645 ◯ 228 + 417 = 645

Ü: 160 + 600 = 760 Ü: 230 + 420 = 650

	1	5	9
+	5	9	6

b)
◯ 94 + 438 = 532 ◯ 333 + 269 = 532

Ü: ______ Ü: ______

+			

c)
◯ 375 + 296 = 671 ◯ 537 + 184 = 671

Ü: ______ Ü: ______

+			

d)
◯ 392 + 413 = 905 ◯ 407 + 498 = 905

Ü: ______ Ü: ______

+			

e)
◯ 147 + 579 = 726 ◯ 179 + 647 = 726

Ü: ______ Ü: ______

+			

f)
◯ 562 + 392 = 854 ◯ 671 + 183 = 854

Ü: ______ Ü: ______

+			

1 Subtrahiere.

Subtrahiere zuerst die Einer (E), danach die Zehner (Z) und dann die Hunderter (H).

a)

	H	Z	E
	6	8	7
−	3	5	6
	3	3	1

	H	Z	E
	8	7	5
−	6	0	3

	H	Z	E
	9	6	7
−	1	4	2

b)

	H	Z	E
	9	3	7
−	5	2	4

	H	Z	E
	6	9	5
−	2	4	2

	H	Z	E
	7	8	9
−	5	2	8

	H	Z	E
	8	5	6
−	1	3	5

c)

	H	Z	E
	6	9	5
−	5	5	1

	H	Z	E
	9	2	9
−	7	2	3

	H	Z	E
	8	7	4
−	5	6	2

	H	Z	E
	7	4	8
−	2	1	5

d)

	H	Z	E
	9	5	2
−	3	3	2

	H	Z	E
	6	4	8
−	5	1	3

	H	Z	E
	5	9	3
−		7	2

	H	Z	E
	8	6	6
−	5	2	3

1 Schreibe stellengerecht untereinander. Die Farben helfen dir. Subtrahiere schriftlich.

a) 795 – 83

	H	Z	E
	7	9	5
–		8	3

969 – 533

685 – 424

888 – 315

b) 977 – 320

656 – 216

539 – 424

495 – 171

2 Schreibe stellengerecht untereinander und subtrahiere schriftlich.

a) 815 – 203

378 – 124

892 – 61

777 – 332

b) 546 – 146

697 – 142

958 – 715

748 – 436

Ergänzen

	H	Z	E
	7	6	4
–	2	7	8
	1	1	
	4	8	6

Entbündeln

	H	Z	E
	6	15	14
	~~7~~	~~6~~	~~4~~
–	2	7	8
	4	8	6

1 Subtrahiere schriftlich mit deinem Weg.

a)

	H	Z	E
	4	6	1
–	3	2	6

	H	Z	E
	7	5	8
–	1	7	9

	H	Z	E
	8	3	7
–	5	5	1

	H	Z	E
	5	1	9
–	3	5	4

b)

	H	Z	E
	9	2	6
–	4	7	7

	H	Z	E
	6	6	0
–	2	8	5

	H	Z	E
	5	4	3
–	4	1	6

	H	Z	E
	7	2	6
–	1	8	3

c)

	H	Z	E
	6	2	5
–	2	5	4

	H	Z	E
	8	3	2
–	5	3	9

	H	Z	E
	4	4	4
–	2	5	6

	H	Z	E
	9	6	1
–	5	2	5

d)

	H	Z	E
	7	8	0
–	2	8	9

	H	Z	E
	9	3	1
–	3	8	9

	H	Z	E
	5	3	8
–	2	7	3

	H	Z	E
	6	1	3
–	1	8	6

1 Schreibe stellengerecht untereinander und subtrahiere schriftlich mit deinem Weg. Male die Felder mit den Ergebniszahlen passend an.

a) 753 – 175 | 526 – 365 | 636 – 287 | 942 – 518

	H	Z	E
	7	5	3
–	1	7	5

b) 540 – 251 | 717 – 69 | 801 – 705 | 639 – 136

c) 934 – 367 | 605 – 119 | 549 – 277 | 722 – 372

d) 822 – 395 | 746 – 483 | 985 – 178 | 458 – 294

263	742	567	578	350	247	164
503	349	289	345	96	424	648
807	614	486	161	272	581	427

Zum Zehner gerundet:
847 ≈ 850
175 ≈ 180

Ü: 850 – 180 = 670

	8	4	7
–	1	7	5
	6	7	2

Zum Hunderter gerundet:
847 ≈ 800
175 ≈ 200

Ü: 800 – 200 = 600

	8	4	7
–	1	7	5
	6	7	2

1 Rechne einen Überschlag (Ü). Subtrahiere dann schriftlich und vergleiche dein Ergebnis mit dem Überschlag.

a) Ü: ____________

	9	2	6
–	5	6	8

Ü: ____________

	7	5	2
–	4	8	3

Ü: ____________

	8	8	4
–	1	3	7

b) Ü: ____________

	5	1	7
–	3	7	2

Ü: ____________

	6	3	9
–	1	9	5

Ü: ____________

	9	4	1
–	7	5	9

c) Ü: ____________

	8	0	3
–	3	9	8

Ü: ____________

	9	2	8
–	4	9	7

Ü: ____________

	7	5	2
–	1	8	4

Schriftlich subtrahieren – Kontrolle mit Überschlag

1 Immer eine Rechnung ist falsch. Kontrolliere mit einem Überschlag (Ü) und kreuze die falsche Rechnung an. Schreibe sie in das freie Rechenfeld und subtrahiere schriftlich mit deinem Weg.

a)

○ 832 – 576 = 365

Ü: 830 – 580 = 250

○ 617 – 252 = 365

Ü: 620 – 250 = 370

	8	3	2
–	5	7	6

b)

○ 992 – 437 = 555

Ü: ____________

○ 714 – 269 = 555

Ü: ____________

–			

c)

○ 608 – 345 = 363

Ü: ____________

○ 527 – 164 = 363

Ü: ____________

–			

d)

○ 767 – 282 = 425

Ü: ____________

○ 943 – 518 = 425

Ü: ____________

–			

e)

○ 912 – 283 = 629

Ü: ____________

○ 805 – 276 = 629

Ü: ____________

–			

Ergänzen

	9	3	4
–	2	7	8
	1	1	
	6	5	6

Entbündeln

	8	13	14
	~~9~~	~~3~~	~~4~~
–	2	7	8
	6	5	6

	6	5	6
+	2	7	8
	1	1	
	9	3	4

✓

1 Subtrahiere schriftlich mit deinem Weg. Rechne die Umkehraufgabe zur Kontrolle. Beginne die Umkehraufgabe mit dem Ergebnis deiner Rechnung (gelbes Feld).

a)

	3	9	6
–	1	7	5
	2	2	1

	2	2	1
+	1	7	5

b)

	7	5	3
–	5	2	1

+			

c)

	6	7	4
–	2	9	3

+			

d)

	9	0	2
–	8	8	8

+			

2 Subtrahiere schriftlich mit deinem Weg. Rechne die Umkehraufgabe zur Kontrolle.

a)

	4	6	1
–	2	0	9

+			

b)

	8	4	5
–	3	4	7

+			

c)

	9	2	7
–	3	5	4

+			

d)

	5	8	2
–	2	1	6

+			

	1	6	5
+	2	9	7
	1	1	
	4	6	2

Ergänzen

	4	6	2
–	2	9	7
	1	1	
	1	6	5

✓

Entbündeln

	3	15	12
	~~4~~	~~6~~	~~2~~
–	2	9	7
	1	6	5

✓

1 Addiere schriftlich. Rechne zur Kontrolle die Umkehraufgabe mit deinem Weg. Beginne die Umkehraufgabe mit dem Ergebnis deiner Rechnung (gelbes Feld).

a)

	4	1	8
+	3	5	0
	7	6	8

	7	6	8
–	3	5	0

b)

	5	5	6
+	1	2	9

–			

c)

	3	8	9
+	5	0	3

–			

d)

	6	2	5
+	2	7	7

–			

2 Addiere schriftlich. Rechne die Umkehraufgabe zur Kontrolle.

a)

	6	1	3
+	3	4	8

–			

b)

	1	9	7
+	7	4	6

–			

c)

	5	4	3
+	2	8	5

–			

d)

	2	7	4
+	4	3	9

–			

1 Finde mit den Zahlen fünf verschiedene Additionsaufgaben und addiere.

a) 135 340 213 452 321 504

b) 358 274 467 423 539 149

c) 581 346 264 147 275 498

2 Welche Ziffern fehlen? Ergänze. Achte auf die Überträge.

a)

	1	4	3
+	2	5	5
	3	9	8

	4	0	6
+		7	
	5		9

	2	8	1
+	5		
		9	5

	5	2	4
+		3	3
	8		

b)

	3	8	5
+	2	6	
			2

	7	1	8
+	1		3
		4	

	6	6	6
+			7
	8	7	

		9	2
+		5	
	9		0

1 Finde mit den Zahlen fünf verschiedene Subtraktionsaufgaben und subtrahiere mit deinem Weg.

a) 854 987 713 240 432 521

b) 758 271 439 363 592 184

c) 375 749 918 492 206 684

2 Welche Ziffern fehlen? Ergänze. Achte auf die Überträge.

	8	3	7
−	3	6	3
	4	7	4

	5	4	1
−		3	
	2		8

	9	1	5
−	2		
		3	1

	6	5	6
−			5
	3	8	

Schriftlich rechnen üben

1 Addiere und subtrahiere mit deinem Weg. Ordne die Ergebniszahlen nach der Größe. Beginne mit dem kleinsten Ergebnis.
Schreibe die Lösungswörter auf und male sie unten ins Bild.

a)

U	M	S	A
274	895	309	931
+ 183	− 823	+ 547	− 765
	72		

72 <   <   <

Lösungswort: M _ _ _

b)

G	L	E	I
582	617	193	628
− 256	+ 89	+ 135	− 541

<   <   <

Lösungswort: _ _ _ _

c)

P	A	E	F
923	861	714	685
− 470	− 652	+ 286	+ 308

<   <   <

Lösungswort: _ _ _ _ L